高职单独招生考试复习指导丛书

数学基础知识同步练习

（上册）

张 园　赵 军　胡 灵　王春柳　　主编
　　　李丙权　许世菊　刘祥英

何 斌 主审

科学出版社

北 京

内 容 简 介

本套丛书的数学部分包含《数学基础知识同步练习（上册）》《数学基础知识同步练习（下册）》和《数学基础知识同步测试题》三册，共涉及8个章节的教学内容. 本书为上册，涉及5个章节（集合与充要条件、不等式、函数、指数函数与对数函数、三角函数）的基础知识的同步练习和巩固.

本套丛书面向所有中等职业学校学生，与中等职业学校高一、高二年级数学基础知识的教材配套.

图书在版编目（CIP）数据

数学基础知识同步练习. 上册/ 张园等主编. —北京：科学出版社，2016
（高职单独招生考试复习指导丛书）
ISBN 978-7-03-048601-1

Ⅰ. ①数⋯ Ⅱ. ①张⋯ Ⅲ. ①数学课－高等职业教育－入学考试－习题集 Ⅳ. ①G634.605

中国版本图书馆 CIP 数据核字（2016）第 125298 号

责任编辑：涂 晟 / 责任校对：陶丽荣
责任印制：吕春珉 / 封面设计：艺和天下

科 学 出 版 社 出版
北京东黄城根北街 16 号
邮政编码：100717
http://www.sciencep.com

三河市骏杰印刷有限公司印刷
科学出版社发行 各地新华书店经销
*
2016 年 9 月第 一 版 开本：787×1092 1/16
2019 年 7 月第四次印刷 印张：7 1/4
字数：155 900

定价：18.00 元

（如有印装质量问题，我社负责调换〈骏杰〉）
销售部电话 010-62136230 编辑部电话 010-62135763-2013

前　言

本套丛书根据重庆市普通高校对口招收中职毕业生统一考试说明编写，重在夯实每个基础知识点，循序渐进，逐步提高同学们对知识的掌控能力．我们衷心希望本套丛书能伴随同学们度过美好的中学学习时光，帮助同学们打好数学基础，为进一步提升数学能力做好准备．

本套丛书具有以下几个鲜明特色：

（全）　知识覆盖全面．本套丛书包含了中等职业学校数学课程的所有必学基础知识及其考点，内容丰富，题量充足．

适用对象全面．本套丛书面向所有中等职业学校学生，内容针对性强、难易适中、以夯实基础为目的．

（细）　知识点总结细致入微．本套丛书不仅详细归纳了教材中涉及的所有知识点，还根据学习要求，对部分知识进行简单补充，内容简洁、全面．

（简）　知识点简明扼要，方便记忆．本套丛书对知识点的描述，使用了表格的形式，意在突出重点、方便记忆．

练习题简要、典型、针对性强．本套丛书涉及的练习题以常规题为主，强调对每个知识点的记忆、理解和掌握，不追求怪、偏、难题型．

（透）　对教材、考纲研究透彻．本套丛书居高临下地把握教材，立足于教材，又不拘泥于教材．

对学生的思维、学习能力研究透彻．本套丛书注重知识"点"与"面"的结合、"教"与"学"的联系．

（精）　知识点归纳精，问题设置精．本套丛书根据教学要求，做到了突出重点、突破难点、引发思考、启迪思维，实现了由知识到能力的过渡．

编者在编写本套丛书的过程中，参考了很多教材和文献资料，引用了部分专家、学者的研究成果，特在此表示真诚的感谢．

由于编者的学识和能力有限，书中难免存在不足之处，敬请各位专家、教师和广大读者不吝指正，提出宝贵的意见和建议，以便本套丛书在修订时加以完善．

编　者

2016 年 4 月

目　　录

第1章 集合与充要条件

1.1 集合的概念

1.1.1 集合与元素

知识要点

集合与元素	集合的定义	一般地,具有某种属性的一些确定的对象的全体构成集合. 集合一般用大写英文字母 A, B, C, …表示,其中每一个对象叫做集合的元素,一般用小写英文字母 a, b, c, …表示
	集合的特性	确定性、互异性、无序性
	常见的数集	N 表示自然数集,Z 表示整数集,Q 表示有理数集,R 表示实数集,$\varnothing$ 表示空集(不含任何元素的集合). 通常在字母的下标或者上标位置标注"+"或"-"来表示正的集合或负的集合,如正有理数表示为 Q_+ 或 Q^+,负有理数表示为 Q_- 或 Q^-.另外表示正的集合时,还可在上标位置标注"*",如 N^*、N^+ 或 N_+ 均表示正整数集
	元素与集合的关系	若元素 a 是集合 A 中的元素,记为 $a \in A$,读作 a 属于 A;否则,a 不是 A 中的元素,记作 $a \notin A$,读作 a 不属于 A. 例如,$0 \in N, -1 \notin N$
	集合的分类	有限集和无限集

同步练习

一、选择题

1. 下列各组对象能构成集合的是（   ）.
   A. 我校所有高一新同学
   B. 高一同学中漂亮的女同学
   C. 著名的影视演员
   D. 与 0 接近的实数全体

2. 下列关系式正确的是（   ）.
   A. $0 \notin N$ B. $0 \in \varnothing$ C. $\pi \in Q$ D. $\sqrt{2} \in R$

3. 由 happy 的字母构成的集合的元素的个数为（   ）.
   A. 5   B. 4   C. 1   D. 0

4. 下列关系式不正确的是（   ）.
   A. $0 \in Z^+$ B. $-\dfrac{2}{3} \in Q$ C. $-1 \notin N$ D. $3.14 \in R$

5. 下列集合中属于有限集的是（   ）.
   A. 所有自然数构成的集合

  B．面积为 $16\mathrm{m}^2$ 的长方形全体

  C．所有的三角形构成的集合

  D．方程 $x^2=1$ 的解构成的集合

二、填空题

用符号 $\in$ 或 $\notin$ 填空：

（1） 0 ___ $\mathbf{Z}$ ；（2） $-\dfrac{1}{3}$ ___ $\mathbf{Z}$ ；（3） $\sqrt{3}$ ___ $\mathbf{Q}$ ；（4） 1.23 ___ $\mathbf{Q}$ ；

（5） 0 ___ $\varnothing$ ；（6） -2 ___ $\mathbf{N}$ ；（7） π ___ $\mathbf{R}$ ；　（8） 2 ___ $\mathbf{N}$ ．

1.1.2　集合的表示方法

知识要点

集合的表示方法	列举法	把集合中的元素——列举出来，写在大括号里并用分隔号隔开，集合中的元素具有无序性、不重复性的特点． 例如，$\{a,b,c\}$
	描述法	$\{x\|P(x)\}$，其中 x 代表元素，并且标注代表元素的取值范围，$P(x)$ 为元素具有的特征性质． 例如，大于 3 的自然数可表示为 $\{x\in\mathbf{N}\|x>3\}$ 特别说明：若 x 的取值范围为 $\mathbf{R}$，则可以省略 $x\in\mathbf{R}$

同步练习

一、选择题

1．用列举法表示不大于 3 的自然数组成的集合，正确的是（　　）．
  A．$\{1,2,3\}$ B．$\{0,1,2,3\}$ C．$\{0,1,2\}$ D．$\{1,2\}$

2．用描述法表示不等式 $x-3<0$ 的解集，正确的是（　　）．
  A．$\{x\mid x-3<0\}$ B．$\{x\mid x<3\}$ C．$\{x\mid x<-3\}$ D．$\{x\in\mathbf{R}\mid x<-3\}$

3．用列举法表示前 5 个正整数表示的集合，正确的是（　　）．
  A．$\{0,1,2,3,4\}$ B．$\{0,1,2,3,4,5\}$ C．$\{1,2,3,4,5\}$ D．$\{1,2,3,4\}$

4．用描述法表示由大于 -2 并且小于 3 的整数表示的集合，正确的是（　　）．
  A．$\{x\in\mathbf{Z}\mid -2<x<3\}$ B．$\{x\in\mathbf{Z}^{+}\mid -2<x<3\}$
  C．$\{x\in\mathbf{N}\mid -2<x<3\}$ D．$\{x\in\mathbf{Q}\mid -2<x<3\}$

5．集合 $\{-1,0,1,2,3\}$ 用描述法表示正确的是（　　）．
  A．$\{x\in\mathbf{Q}\mid -1<x<3\}$ B．$\{x\in\mathbf{Z}\mid -1<x<3\}$
  C．$\{x\in\mathbf{Z}\mid -1\leqslant x\leqslant 3\}$ D．$\{x\mid -1\leqslant x\leqslant 3\}$

二、填空题

1．用适当的方法表示 4 的平方根：_____．

2．方程 $x^2-2x-3=0$ 的解集为_____．

3．所有正偶数组成的集合为_____．

4．由大于 10 的所有自然数组成的集合为_____．

三、解答题

用适当的方法表示下列集合：

1. 被3除余2的自然数组成的集合.

2. 绝对值小于2的整数的全体.

3. 用列举法表示集合 $\{m \in \mathbf{Z} \mid -\dfrac{1}{2} < m < 5\}$.

1.2　集合之间的关系

知识要点

集合之间的关系	子集	对于两个集合 A，B，如果集合 A 中的每一个元素都是集合 B 中的元素，那么，A 叫做 B 的子集，记作 $A\subseteq B$ 或 $B\supseteq A$，读作 A 包含于 B 或 B 包含 A，从而 $A\subseteq A$，$\varnothing\subseteq A$．
		注意：空集是任何集合的子集，即 $\varnothing\subseteq A$
	真子集	如果集合 A 是集合 B 的子集，并且 B 中至少有一个元素不属于 A，那么 A 叫做 B 的真子集，记作 $A\subsetneqq B$ 或 $B\supsetneqq A$，读作 A 真包含于 B 或 B 真包含 A．
		注意：空集是任何非空集合的真子集
	集合相等	若 $A\subseteq B$ 且 $B\subseteq A$，则称 $A=B$．简单地说就是如果两个集合的元素完全相同，那么这两个集合相等

同步练习

一、选择题

1. 下列关系式正确的是（　　　）．

 A．$\{2,4,6\}\subsetneqq\{2,3,4,5\}$ 　　　　B．$\{2,4,6\}\subseteq\{2,3,4,5\}$

 C．$5\in\{5\}$ 　　　　D．$5\subseteq\{5\}$

2. 设集合 $M=\{-1,0,1\}$，$N=\{-1,1\}$，则（　　　）．

 A．$M\in N$ 　　　B．$M\notin N$ 　　　C．$M=N$ 　　　D．$M\supsetneqq N$

3. 下列集合中，$M=N$ 的是（　　　）．

 A．$M=\{(1,2)\}$，$N=\{(2,1)\}$ 　　　　B．$M=\{(1,2)\}$，$N=\{1,2\}$

 C．$M=(1,2)$，$N=\{1,2\}$ 　　　　D．$M=\{1,2\}$，$N=\{2,1\}$

4. 下列关系式错误的是（　　　）．

 A．$\varnothing\subsetneqq\{0\}$ 　　　B．$0\in\varnothing$ 　　　C．$0\in\{0\}$ 　　　D．$0\notin\varnothing$

5. 集合 $A=\{-1,0,1\}$ 的所有子集、真子集的个数分别为（　　　）．

 A．8，7 　　　B．7，8 　　　C．5，6 　　　D．6，5

二、填空题

用适当的符号（$\in$、$\notin$、$=$、$\subsetneqq$、$\supsetneqq$）填空：

(1) $\{3,4,5\}$＿＿＿＿＿＿$\{1,2,3,4,5,6\}$；　　　　(2) $\{x|x-1=0\}$＿＿＿＿＿＿$\{1\}$；

(3) $\{0,2,4,6,8\}$＿＿＿＿＿＿$\{2m|m\in\mathbf{Z}\}$；　　　　(4) $\{x|x^2=1\}$＿＿＿＿＿＿$\{x||x|=1\}$；

(5) $\varnothing$＿＿＿＿＿＿$\{x|x^2=-4\}$；　　　　(6) $\varnothing$＿＿＿＿＿＿$\{a\}$；

(7) b＿＿＿＿＿＿$\{b\}$；　　　　(8) 0＿＿＿＿＿＿$\varnothing$；

(9) $\{x|x>-1\}$＿＿＿＿＿＿$\{x|x>1\}$；　　　　(10) $\mathbf{N}$＿＿＿＿＿＿$\mathbf{Z}$．

三、解答题

1. 设 $M=\{a,b,c\}$，写出 M 的所有子集，并指出哪些子集是真子集.

2. 已知集合 $A=\left\{(x,y)\left|\begin{cases}x-3y=5\\2x+y=10\end{cases}\right.\right\}$，求集合 A.

3. 已知 $\{2,a^2\}\subsetneqq\{1,2,a\}$，求 a 的值.

1.3　集合的运算

知识要点

集合的运算	交集	由既属于集合 A 又属于集合 B 的元素组成的集合叫 A 与 B 的交集，记作：$A\cap B$，即 $A\cap B=\{x\,|\,x\in A$ 且 $x\in B\}$. 交集的主要性质： (1) $A\cap B=B\cap A$； (2) $A\cap A=A$，$A\cap\varnothing=\varnothing$； (3) $A\cap B\subseteq A,A\cap B\subseteq B$； (4) 若 $A\cap B=A$，则 $A\subseteq B$
	并集	由所有属于集合 A 或者属于集合 B 的元素组成的集合叫 A 与 B 的并集，记作：$A\cup B$，即 $A\cup B=\{x\,|\,x\in A$ 或 $x\in B\}$. 并集的主要性质： (1) $A\cup B=B\cup A$； (2) $A\cup A=A$，$A\cup\varnothing=A$； (3) $A\subseteq A\cup B,B\subseteq A\cup B$； (4) 若 $A\cup B=A$，则 $B\subseteq A$
	全集	如果集合 U 含有所研究的各个集合的全部元素，这个集合 U 就可以看作一个全集. 注意：经常把实数集 **R** 作为全集
	补集	设 U 是全集，且 $A\subseteq U$，由 U 中所有不属于 A 的元素组成的集合，叫集合 A 在 U 中的补集，记作 $\complement_U A$，即 $\complement_U A=\{x\,|\,x\in U$ 且 $x\notin A\}$. 补集的主要性质： (1) $A\cap\complement_U A=\varnothing$； (2) $A\cup\complement_U A=U$； (3) $\complement_U(\complement_U A)=A$

同步练习

一、选择题

1. 设集合 $A=\{a,b\}$，$B=\{b,c,d\}$，则 $A\cap B=$（　　）.
　A．$\{b\}$　　　　　　　　　　B．$\{a,b,c,d\}$
　C．$\{a,b\}$　　　　　　　　　D．$\{b,c,d\}$
2. 已知集合 $M=\{2,3,4\}$，$N=\{2,4,6,8\}$，则 $M\cup N=$（　　）.
　A．$\{2,4\}$　　　　　　　　　B．$\{2,3,4,6,8\}$
　C．$\{2,3,4\}$　　　　　　　　D．$\{2,4,6,8\}$
3. 设集合 $A=\{x\,|\,x\geqslant-2\}$，$B=\{x\,|\,x<3\}$，则 $A\cap B=$（　　）.
　A．$\{x\,|-2\leqslant x<3\}$　　　　B．**R**
　C．$\{x\,|\,x\geqslant-2\}$　　　　　D．$\{x\,|\,x<3\}$
4. 设集合 $A=\{x\,|-1\leqslant x<3\}$，$B=\{x\,|-2<x\leqslant1\}$，则 $A\cup B=$（　　）.
　A．$\{x\,|-1\leqslant x\leqslant1\}$　　　　B．$\{x\,|1<x<3\}$

　　C．$\{x|-2<x<3\}$　　　　　　　　　　D．$\{x|-2<x<-1\}$

5．设全集 $U=\{a,b,c,d,e\}$，集合 $A=\{a,c,e\}$，则 $\complement_U A=$（　　　）.

　　A．$\{a,b,c,d,e\}$　　　　　　　　　　B．$\{a,c,e\}$

　　C．$\{a,b\}$　　　　　　　　　　　　　D．$\{b,d\}$

二、填空题

1．设集合 $A=\{$自然数$\}$，$B=\{x|-1\leqslant x<3\}$，则 $A\cap B=$ _____．

2．已知 $A=\{x|x\leqslant-2\}$，$B=\{x|x\geqslant 4\}$，则 $A\cap B=$ _____．

3．已知全集 $U=\{1,2,3,4\}$，$A=\{1,2,3\}$，$B=\{2,3,4\}$，则 $\complement_U(A\cap B)=$ _____．

4．设 $A=\{(x,y)|3x+2y=1\}$，$B=\{(x,y)|x-y=2\}$，则 $A\cap B=$ _____．

三、解答题

1．已知全集 $U=\mathbf{R}$，$A=\{x|x\leqslant 2\}$，求 $\complement_U A$．

2．设集合 $A=\{(x,y)|x-y=2\}$，$B=\{(x,y)|x+y=4\}$，求 $A\cap B$．

3．设 $A=\{a,3,9\}$，$B=\{5,a^2,8\}$，且 $A\bigcap B=\{9\}$，求 a 的值．

1.4　充　要　条　件

知识要点

充要条件	充分条件	若 $p\Rightarrow q$，则称 p 是 q 的充分条件
	必要条件	若 $p\Leftarrow q$，则称 p 是 q 的必要条件
	充要条件	若 $p\Rightarrow q$ 且 $p\Leftarrow q$，则称 p 是 q 的充要条件，记作 $p\Leftrightarrow q$，也称 p 等价于 q，或 p 当且仅当 q

同步练习

一、选择题

1．"x 为有理数" 是 "x 为实数" 的（　　）．

  A．充分条件   B．必要条件

  C．充要条件   D．非充分非必要条件

2．"$x-3=0$" 是 "$x^2-9=0$" 的（　　）．

  A．充分条件   B．必要条件

  C．充要条件   D．非充分非必要条件

3．"$a^2=b^2$" 是 "$a=b$" 的（　　）．

  A．充分条件   B．必要条件

  C．充要条件   D．非充分非必要条件

4．"$a^2+b^2=0$" 是 "$a=0$或$b=0$" 的（　　）．

  A．充分条件   B．必要条件

  C．充要条件   D．非充分非必要条件．

5．"$\triangle ABC$ 是等腰三角形"是"$\triangle ABC$ 有两内角相等"的（　　）．

    A．充分条件　　　　　　　　　　B．必要条件

    C．充要条件　　　　　　　　　　D．非充分非必要条件

二、填空题

1．"$x > 3$"是"$x > 1$"的_____条件．

2．"$\Delta > 0$"是"一元二次方程有实根"的_____条件．

3．"$ab > 0$"是"$a > 0$ 且 $b > 0$"的_____条件．

4．"$a^2 - 2ab + b^2 = 0$"是"$a = b$"的_____条件．

5．写出下列命题的等价命题：

（1）$(x+1)^2 + (y-1)^2 = 0 \Leftrightarrow$ _____；

（2）$\{x \mid x = 2n, n \in \mathbf{N}^+\} \Leftrightarrow$ _____；

（3）$x = 3$ 或 $x = -2 \Leftrightarrow$ _____．

第2章 不 等 式

2.1 不等式的性质

2.1.1 不等式的基本性质

知识要点

不等式的基本性质	不等式的性质	(1) $a>b \Leftrightarrow a \pm c > b \pm c$.
		(2) $a>b,\ c>0 \Rightarrow ac>bc$ （或 $\dfrac{a}{c}>\dfrac{b}{c}$）.
		(3) $a>b,\ c<0 \Rightarrow ac<bc$ （或 $\dfrac{a}{c}<\dfrac{b}{c}$）
	不等式的推论	(1) $a>b,\ c>d \Rightarrow a+c>b+d$.
		(2) $a+b>c \Rightarrow a>c-b$.
		(3) $a>b>0,\ c>d>0 \Rightarrow ac>bd$
	作差法比较大小	(1) $a>b \Leftrightarrow a-b>0$.
		(2) $a<b \Leftrightarrow a-b<0$.
		(3) $a=b \Leftrightarrow a-b=0$

同步练习

一、选择题

1．下列说法正确的是（ ）.

  A．若 $a>b,\ c>d$ ，则 $a+d>c+b$ B．若 $a>b$ ，则 $ac^2>bc^2$

  C．若 $ac>bc$ ，则 $a>b$ D．若 $a+b>c$ ，则 $b>c-a$

2．如果 $a>b>0$ ，下列式子一定成立的是（ ）.

  A．$ac>bc$ B．$\dfrac{1}{a}<\dfrac{1}{b}$ C．$\dfrac{1}{a}>\dfrac{1}{b}$ D．$a-b<0$

3．若 $5-x>1$ ，则（ ）.

  A．$x>4$ B．$x<4$ C．$x>-6$ D．$x<6$

4．若 $2x+1>5$ ，则（ ）.

  A．$x>2$ B．$x<2$ C．$x>3$ D．$x<3$

5．如果 $a<b<0$ ，下列说法正确的是（ ）.

  A．$ac^2>bc^2$ B．$a+c<b+c$

  C．$a-b>0$ D．$\dfrac{1}{a}<\dfrac{1}{b}$

二、填空题

1. 用 ">" 和 "<" 填空:

（1）$-\dfrac{7}{8}$ ____ $-\dfrac{5}{9}$；（2）若 $a>0$，则 $2a$ ____ $3a+1$；（3）若 $1-x<0$，则 x ____ 1.

2. 若 $a+b>0$，$b<0$，则 a，b，$-a$，$-b$ 按照从小到大的顺序排列为 _____.

3. $2x-2$ 比 x 大，则 x 的取值范围为 _____.

4. 一个周长不超过 8m 的矩形花园的长为 am，宽比长少 2m，则 a 的取值范围是 _____.

三、解答题

1. 比较 a^2-2a+3 和 $a(a-2)$ 的大小.

2. 求一元一次不等式 $\dfrac{x-1}{2}>3$ 的解集.

3．某玩具厂生产一种玩具所需成本 Q 与玩具件数 x 之间的关系式为 $Q=x-4$，销售收入 L 与玩具件数 x 之间的关系式为 $L=5x$，若使获得的利润不低于 1000 元，该厂至少需要生产多少件玩具？

2.1.2　区间的概念

知识要点

区间的表示	区间的定义	不等式表示的数集可以用区间表示，有开区间、闭区间及半开半闭区间
	区间表示法	（1）找出两个端点，由逗号隔开．注意书写端点时按照从左至右、从小到大的顺序． （2）加括号，取到端点加 "[" 或 "]"，反之加 "(" 或 ")"．注意："∞" 只能加圆括号

同步练习

一、选择题

1．集合 $A=\{x|x>5\}$ 可以用区间表示为（　　）.

　A．$(5,+\infty)$　　　　B．$(5,+\infty]$　　　　C．$(-\infty,5)$　　　　D．$(-\infty,5]$

2．集合 $B=\{x|-1<x\leqslant 3\}$ 可以用区间表示为（　　）.

　A．$(3,-1]$　　　　B．$(-1,3]$　　　　C．$[3,-1)$　　　　D．$[-1,3)$

3．下列区间为闭区间的是（　　）.

　A．$(0,5]$　　　　B．$[-3,-1)$　　　　C．$(-\infty,0)$　　　　D．$[-5,10]$

4．已知集合 $A=\{x|x>-1\}$，集合 $B=\{x|-2<x\leqslant 5\}$，则 $A\cap B=$（　　）.

　A．$(-2,5]$　　　　B．$(-1,5]$　　　　C．$[-1,5)$　　　　D．$[-2,5)$

5. 已知全集为 **R**，集合 A 表示的范围如图 2-1 所示，则 $\complement_{\mathbf{R}} A = ($ $)$.

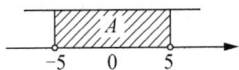

图 2-1

A. $(-\infty, -5) \cup [5, +\infty)$ B. $[-5, 5]$

C. $(-\infty, -5] \cup (5, +\infty)$ D. $(-5, 5)$

二、填空题

1. 将下列数集用区间表示：

（1）$\{x \mid x \geqslant -1\} = $ _____ ；   （2）$\{x \mid 0 \leqslant x < 3\} = $ _____ ；

（3）$\left\{x \mid x \leqslant -\dfrac{1}{2}\right\} = $ _____ ；   （4）$\{x \mid x \leqslant 0 \text{或} x > 1\} = $ _____ .

2. 不等式组 $\begin{cases} x > -1 \\ x \leqslant 2 \end{cases}$ 的解集用区间表示为 _____ .

3. 已知集合 $A = \{x \mid x \geqslant 2\}$，集合 $B = \left\{x \mid -1 < x \leqslant \dfrac{5}{2}\right\}$，则 $A \cap B = $ _____ ，

$A \cup B = $ _____ .（用区间表示）

4. 已知全集为 **R**，集合 $A = \left\{x \mid x < -\dfrac{2}{3} \text{或} x \geqslant \sqrt{2}\right\}$，则 $\complement_{\mathbf{R}} A = $ _____ .

三、解答题

1. 求下列一元一次不等式的解集并用区间表示.

（1）$5 - 3x < 1 + 2x$ ；   （2）$\dfrac{2x+1}{3} \leqslant \dfrac{1-x}{2}$.

2．求一元一次不等式组 $\begin{cases} 5-3x<2 \\ \dfrac{x}{2} \geqslant x-1 \end{cases}$ 的解集并用区间表示．

3．设全集为 **R**，集合 $A=(-\infty,2]$，集合 $B=(1,4]$，求：

（1） $A\cap B$，$A\cup B$；

（2） $\complement_{\mathbf{R}}A$，$\complement_{\mathbf{R}}B$；

（3） $\complement_{\mathbf{R}}A\cap B$．

2.2 一元二次不等式

2.2.1 一元二次不等式的解法

知识要点

1. 一元二次不等式概述

一元二次 不等式	一元二次不等式的概念	形如 $ax^2+bx+c>0(a>0)$ 或 $ax^2+bx+c<0(a>0)$ 的不等式为一元二次不等式
	一元二次不等式的解法	(1) 化为标准形式：$ax^2+bx+c>0(a>0)$ 或 $ax^2+bx+c<0(a>0)$. (2) 令 $ax^2+bx+c=0$，解该一元二次方程. (3) 根据方程解的情况求一元二次不等式的解

2. 一元二次不等式的解集

$\Delta=b^2-4ac$	$\Delta>0$	$\Delta=0$	$\Delta<0$
一元二次函数 $y=ax^2+bx+c(a>0)$ 的图像			
$ax^2+bx+c>0$ 的解集	$(-\infty,x_1)\cup(x_2,+\infty)$	$(-\infty,x_0)\cup(x_0,+\infty)$	**R**
$ax^2+bx+c\geqq0$ 的解集	$(-\infty,x_1]\cup[x_2,+\infty)$	**R**	**R**
$ax^2+bx+c<0$ 的解集	(x_1,x_2)	$\varnothing$	$\varnothing$
$ax^2+bx+c\leqq0$ 的解集	$[x_1,x_2]$	$\{x_0\}$	$\varnothing$

同步练习

一、选择题

1. 下列各式中，属于一元二次不等式的是（　　）.

    A．$x^3+x-1>0$ B．$x^2+2x+1=0$

    C．$x-2x^2-2<0$ D．$2x-1\geqq0$

2. 不等式 $x^2-9>0$ 的解集为（　　）.

    A．$(-3,3)$ B．$(-\infty,-3)\cup(3,+\infty)$

    C．$(-\infty,-3)$ D．$(3,+\infty)$

3. 不等式 $x(x-2)<0$ 的解集为（　　）.

    A．$(2,+\infty)$ B．$(-\infty,0)$

    C．$(0,2)$ D．$(-\infty,0)\cup(2,+\infty)$

4. 不等式 $(x-1)(2+x) \leqslant 0$ 的解集为（　　）.

　　A. $[-2,1]$　　　　　　　　　　B. $(-1,2)$

　　C. $(-\infty,-2] \bigcup [1,+\infty)$　　　　D. $(-\infty,-2) \bigcup (1,+\infty)$

5. 解集为 $\{x \mid x<2$ 或 $x>3\}$ 的不等式是（　　）.

　　A. $(x+2)(x+3)>0$　　　　　B. $(x+2)(x+3)<0$

　　C. $(x-2)(x-3)<0$　　　　　D. $(x-2)(x-3)>0$

二、填空题

1. 不等式 $(x+1)^2>4$ 的解集用区间表示为_____.

2. 不等式 $(1-2x)(x+2) \geqslant 0$ 的解集为_____.

3. 不等式 $x^2+2x+1 \leqslant 0$ 的解集为_____.

4. 不等式 $x-2x^2-5<0$ 的解集为_____.

三、解答题

1. 求下列一元二次不等式的解集：

（1）$x^2>5$；　　　　　　　　　（2）$x^2-x-6<0$；

（3）$x^2-4x+4>0$；　　　　　　（4）$x(2x-1)>x+4$.

2．求不等式组 $\begin{cases} x^2 - 3x < 4 \\ \dfrac{x+1}{2} \geqslant \dfrac{x+2}{3} \end{cases}$ 的解集.

3．若一元二次方程 $(5k+6)x^2 - 2kx + 1 = 0$ 有实数根，求 k 的取值范围.

2.2.2　一元二次不等式的应用

知识要点

一元二次不等式的应用	以实际问题为背景建立一元二次不等式模型，并运用一元二次不等式的解法来解决实际问题

同步练习

1．一个矩形的两边长分别为 x cm 和 10cm，如果它的周长小于 80cm，面积大于 $100cm^2$，求 x 的取值范围．

2．为改善居住环境，某小区决定在小区中央建造一个面积不大于 $100m^2$ 的正方形园林，求该正方形园林的边长的最大值．

3. 某工厂每天生产一种产品的利润 $L = x^2 - 200x - 60\,000$，其中，x 为产品件数，要使利润不低于 $20\,000$，该工厂每天至少应生产多少件该产品？

4. 某超市决定打折促销一款原价为 200 元的热水壶. 已知按原价出售时，平均每天可以卖出 10 个，促销活动开始后，价格每降低 20 元，可以多卖出 5 个，要使该超市每天的销售热水壶的金额不低于 3500 元，那么热水壶的价格应定于什么范围？

2.3 含绝对值的不等式

知识要点

含绝对值的不等式	含绝对值不等式的定义	形如 $|x| > a\,(a > 0)$ 或 $|x| < a\,(a > 0)$ 的不等式称为绝对值不等式
	含绝对值不等式的解法	(1) 化为含绝对值不等式的标准形式； (2) 根据不等号的类型取解： 大于型（"$>$""$\geqslant$"）：$\{x \mid x < -a \text{ 或 } x > a\} / \{x \mid x \leqslant -a \text{ 或 } x \geqslant a\}$ 小于型（"$<$""$\leqslant$"）：$\{x \mid -a < x < a\} / \{x \mid -a \leqslant x \leqslant a\}$

同步练习

一、选择题

1. 不等式 $\dfrac{|x|}{2} > 3$ 的解集为（   ）.

    A. $(-6, 6)$ B. $(-\infty, -6) \bigcup (6, +\infty)$

    C. $[-6, 6]$ D. $(-\infty, -6] \bigcup [6, +\infty)$

2. 不等式 $|x| - 2 < 0$ 的解集为（   ）.

    A. $\{x \mid x < -2 \text{ 或 } x > 2\}$ B. $\{x \mid -2 < x < 2\}$

    C. $\{x \mid x \leqslant -2 \text{ 或 } x \geqslant 2\}$ D. $\{x \mid -2 \leqslant x \leqslant 2\}$

3. 不等式 $|x + 1| - 2 \geqslant 0$ 的解集为（   ）.

    A. $(-\infty, -2] \bigcup [2, +\infty)$ B. $(-\infty, -3] \bigcup [1, +\infty)$

    C. $[-2, 2]$ D. $[-3, 1]$

4. 不等式 $|2 - x| \leqslant 1$ 的解集为（   ）.

    A. $\{x \mid x \leqslant 1 \text{ 或 } x \geqslant 3\}$ B. $\{x \mid x \leqslant -1 \text{ 或 } x \geqslant 1\}$

    C. $\{x \mid -1 \leqslant x \leqslant 1\}$ D. $\{x \mid 1 \leqslant x \leqslant 3\}$

5. 已知集合 $A = \{x \mid |x| < 1\}$，集合 $B = \left\{x \mid |x| \geqslant \dfrac{1}{2}\right\}$，则 $A \bigcap B = $（   ）.

    A. $\left(-\infty, -\dfrac{1}{2}\right]$ B. $\left[\dfrac{1}{2}, +\infty\right)$ C. $(-1, 1)$ D. $\left[\dfrac{1}{2}, 1\right)$

二、填空题

1. 不等式 $\left|\dfrac{2x}{3}\right| < 1$ 的解集为_____.

2. 不等式 $2 - |x - 3| \leqslant 0$ 的解集为_____.

3. 不等式 $|3x + 2| < 5$ 的解集为_____.

4. 不等式 $\left|\dfrac{7 - x}{3}\right| > 2$ 的解集为_____.

三、解答题

1. 求不等式组 $\begin{cases} |x|-1\geqslant 0 \\ \dfrac{x}{2}-1>\dfrac{x-1}{3} \end{cases}$ 的解集.

2. 求不等式 $1<|x-2|<3$ 的解集.

3. 已知集合 $A=\{x\mid|2x-1|>1\}$，集合 $B=\{x\mid|x|\leqslant 1\}$，求 $A\bigcap B$.

第3章 函 数

3.1 函数的概念及其表示法

3.1.1 函数的概念

知识要点

函数的概念	函数的概念	设在某一变化过程中,有两个变量 x 与 y,如果按某个确定的对应关系 f,使对于某个范围的任意一个 x 的值,都有唯一确定的数 y 与之对应,那么就称 y 为 x 的函数,记为 $y=f(x)$. 其中 x 是自变量,y 是因变量,x 的取值范围叫做函数的定义域,y 的取值范围叫做函数的值域. 函数的三要素是指定义域、值域和对应法则
	求定义域	函数的定义域是指自变量的取值范围,本节内容涉及的情况如下: (1) 当函数解析式是整式时,定义域为 **R**. (2) 如果研究的是实际应用问题,就由问题的实际意义确定. (3) 当解析式中有分式时,需考虑分母不为0. (4) 当解析式中有偶次根式时,需考虑被开方数大于或等于0
	求函数值	将 x 的取值代入函数解析式中求值

同步练习

一、选择题

1. 下列函数中,与 $y=x$ 表示同一函数的是（　　）.

   A. $y=\sqrt{x^2}$ 　　　　　　　　B. $y=(\sqrt{x})^2$

   C. $y=\dfrac{x^2}{x}$ 　　　　　　　　D. $y=\sqrt[3]{x^3}$

2. $y=x^2-x+2$ 在 $x=1$ 处的函数值为（　　）.

   A. 2 　　　　B. –2 　　　　C. 3 　　　　D. –3

3. 函数 $y=x^2-5x+6$ 的定义域为（　　）.

   A. **R** 　　　　　　　　B. $\{x\,|\,x{\geqslant}3$ 或 $x{\leqslant}2\}$

   C. $\{x\,|\,2{\leqslant}x{\leqslant}3\}$ 　　　　D. $\varnothing$

4. 函数 $y=\dfrac{\sqrt{x-2}}{x-3}$ 的定义域为（　　）.

   A. $\{x\,|\,x{\neq}3\}$ 　　　　　　B. $\{x\,|\,x{\geqslant}2$ 且 $x{\neq}3\}$

   C. $\{x\,|\,x{\geqslant}2\}$ 　　　　　　D. $\{x\,|\,x{\geqslant}3\}$

5. 如果函数 $y=3ax-x^2$ 的图像过点 $P(-2,2)$,那么此函数的图像一定过点（　　）.

   A. $(1,3)$ 　　　B. $(1,-5)$ 　　　C. $(1,-4)$ 　　　D. $(1,-12)$

二、填空题

1. 已知函数 $f(x) = -5$，则 $f(0) = $ _____.

2. 已知 $f(x) = x + b$，且 $f(2) = -1$，则 $b = $ _____.

3. 已知 $f(x) = x^2 + 2x - 1$，则 $f(-2) = $ _____.

4. 若函数 $f(x)$ 的定义域为 $(3,4)$，则 $f(2x-1)$ 的定义域为 _____.

三、解答题

1. 求下列函数的定义域.

（1）$y = \dfrac{\sqrt{x+4}}{x+4}$；
　　　　　　　　　　　　（2）$y = \sqrt{|3x-1|-1}$.

2. 已知函数 $f(x) = ax^2 - 4$ 的图像经过点 $P(1，-1)$.

（1）求 $f(0)$；

（2）当 x 取何值时 $f(x) = 23$？

3. 已知函数 $f(x) = x^2 - 1$，求 $f(x+1)$ 的表达式.

3.1.2 函数的表示方法

知识要点

函数的表示法	解析法	利用等式表示函数. 优点：（1）简明、全面地概括了两个变量之间的关系，函数关系清楚；（2）可以通过解析式求出任意一个自变量对应的函数值
	列表法	利用表格表示函数. 优点：不需要计算就可以直接得到与自变量的值对应的函数值
	图像法	利用图像表示函数. 优点：直观地看出自变量与函数值之间的变化趋势

同步练习

一、选择题

1. 函数 $y = 3x$ $(x \in \mathbf{N},\ 1 \leqslant x \leqslant 5)$ 的图像是（   ）.

    A. 直线   B. 射线

    C. 线段   D. 离散的点

2. $y = -x^2 - 1$ 在 $x = -1$ 处的函数值为（   ）.

    A. -3 B. -2

    C. -1 D. 0

3. 下列函数关系中不能用列表法表示的是（   ）.

    A. $y = x^2$ （其中 $x = \pm 1$）

    B. $y = x^2$

    C. $y = x$ $(x \in \mathbf{N})$

    D. 某商场某品牌自行车专柜某天销售总额与销售量之间的关系式

4. 函数 $y = \dfrac{\sqrt{4 + x^2}}{x - 1}$ 的定义域是（   ）.

    A. $\mathbf{R}$ B. $(-\infty, 1)$

    C. $(1, +\infty)$ D. $(-\infty, 1) \bigcup (1, +\infty)$

5. 设 $f(x) = x^2 + x$，则 $f(-x) =$（   ）.

    A. $-x^2 - x$ B. $-x^2 + x$

    C. $x^2 - x$ D. $x^2 + x$

二、填空题

1. 已知函数 $y = f(x)$ 的图像如图 3-1 所示，则该函数的定义域为_____，$f(-2) + f(2) = $_____.

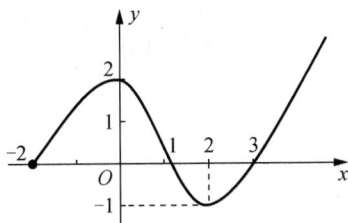

图 3-1

2. 某地 3 月上旬各天 x 和当天的平均气温 $f(x)$ 的函数关系由表 3-1 给出，则此函数的定义域为_____，值域为_____. 若 $f(x)=18$，则 $x=$_____.

表 3-1

日期 x	1	2	3	4	5	6	7	8	9	10
平均气温 $f(x)$	18	19	18	17	17	16	18	16	15	17

3. 已知 $f(x)=1-2x^3$，则 $f(-x)=$_____.

4. 已知 $f(x)=3x-1$，其中 $1 \leqslant x \leqslant 4$，$x \in \mathbf{N}$，则该函数的值域为_____.

三、解答题

1. 已知函数 $f(x)=ax-b$ 的图像过点 $P(2,1)$ 和 $Q(1,2)$，求 $f(3)$.

2. 某商店有某品牌儿童车 48 辆，每台售价 320 元，试写出售出台数与收款总数之间的函数关系式，并指出其定义域.

3. 统计材料显示，成年人的标准体重（单位：kg）等于其身高（单位：cm）减 105，写出身高为 160～190cm 的成年人的体重与身高的函数解析式，并求出身高为 172cm 的成年人的标准体重.

3.2　函数的性质

3.2.1　函数的单调性

知识要点

函数的单调性	单调性	函数值随着自变量的增大而增大（或减小）的性质
	增函数	设函数 $y=f(x)$ 在区间 (a,b) 内有意义，如果对任意的 x_1，$x_2 \in (a,b)$，当 $x_1 < x_2$ 时，都有 $f(x_1) < f(x_2)$ 成立，那么，函数 $f(x)$ 叫做在区间 (a,b) 内的增函数，区间 (a,b) 叫做函数 $f(x)$ 的增区间
	减函数	设函数 $y=f(x)$ 在区间 (a,b) 内有意义，如果对任意的 x_1，$x_2 \in (a,b)$，当 $x_1 < x_2$ 时，都有 $f(x_1) > f(x_2)$ 成立，那么，函数 $f(x)$ 叫做在区间 (a,b) 内的减函数，区间 (a,b) 叫做函数 $f(x)$ 的减区间
	判断方法	（1）图像法：在给定区间内，若图像呈上升趋势，则函数是增函数；若图像呈下降趋势，则函数是减函数． （2）定义法：任取 x_1，$x_2 \in (a,b)$，设 $x_1 < x_2$，然后作差 $f(x_1) - f(x_2)$，化简并判断 $f(x_1) - f(x_2)$ 的符号，最后得出结论

同步练习

一、选择题

1. 已知函数 $f(x)$ 在 $(0,+\infty)$ 上为增函数，则 $f(5)$ 和 $f(4)$ 的大小关系是（　　）.

　A．$f(5) = f(4)$　　　　　　　　B．$f(5) > f(4)$

　C．$f(5) < f(4)$　　　　　　　　D．无法判断

2. 下列函数在定义域内为增函数的是（　　）.

　A．$y = 2$　　　B．$y = \dfrac{1}{x}$　　　C．$y = 3x + 1$　　　D．$y = x^2 + 2x - 3$

3. 下列各函数中，在 $(-\infty,0)$ 内为减函数的是（　　）.

　A．$y = 7x + 2$　　　B．$y = -\dfrac{1}{2x}$　　　C．$y = 3 - 5x$　　　D．$y = -x^2$

4. 已知函数 $f(x)$ 在区间 (a,b) 和 (c,d) 上都是增函数，若 $x_1 \in (a,b)$，$x_2 \in (c,d)$ 且 $x_1 < x_2$，则（　　）.

　A．$f(x_1) < f(x_2)$　　　　　　　　B．$f(x_1) > f(x_2)$

　C．$f(x_1) = f(x_2)$　　　　　　　　D．不能确定

5. 已知函数 $f(x)$ 在 $(-\infty,0)$ 上为减函数，则 $f(-3)$ 和 $f(-1)$ 的大小关系是（　　）.

　A．$f(-3) = f(-1)$　　　　　　　　B．$f(-3) > f(-1)$

　C．$f(-3) < f(-1)$　　　　　　　　D．无法判断

二、填空题

1. 若函数 $y = f(x)$ 在 $(-\infty, +\infty)$ 上是增函数，则 $f(-2)$ ＿＿＿＿ $f(-4)$；若 $f(x)$ 在 $(-\infty, +\infty)$ 上为减函数，则 $f(-4)$ ＿＿＿＿ $f(-6)$．（填 "$<$" 或 "$>$"）

2．一次函数 $y = kx - 1$ 在定义域上是减函数，则其图像不过第_____象限．

3．已知函数 $y = f(x)$ 的图像如图 3-2 所示，则该函数的单调递增区间为_____，单调递减区间为_____．

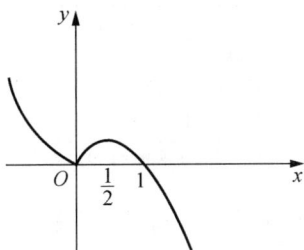

图 3-2

4．已知函数 $y = f(x)$ 在区间 (a,b) 内为减函数，x_1，$x_2 \in (a,b)$ 且 $f(x_1) < f(x_2)$，则 x_1 _____ x_2．（填 "$<$" 或 "$>$"）

三、解答题

1．用定义判断函数 $f(x) = x^2 - 2x$ 在 $(-\infty, 1)$ 内的单调性．

2．已知函数 $y = f(x)$ 在区间 $(-\infty, +\infty)$ 内是增函数，且满足 $f(1 - 2m) - f(7 + m) < 0$，试确定实数 m 的取值范围．

3．已知函数 $y = f(x)$ 在区间 $(-\infty, 0)$ 内为减函数，在区间 $(0, +\infty)$ 内为增函数，试比较 $f(-2)$ 和 $f(-1)$、$f(1)$ 和 $f(2)$ 的大小．

3.2.2　函数的奇偶性

知识要点

函数的奇偶性	对称点的坐标特征	一般地，设点 $P(a,b)$ 为平面内的任意一点，则 （1）点 $P(a,b)$ 关于 x 轴的对称点为 $(a,-b)$. （2）点 $P(a,b)$ 关于 y 轴的对称点为 $(-a,b)$. （3）点 $P(a,b)$ 关于原点的对称点为 $(-a,-b)$
	偶函数	设函数 $y=f(x)$ 的定义域为 D，对任意的 $x\in D$，都有 $-x\in D$，且 $f(-x)=f(x)$，则称这个函数为偶函数，其图像关于 y 轴对称
	奇函数	设函数 $y=f(x)$ 的定义域为 D，对任意的 $x\in D$，都有 $-x\in D$，且 $f(-x)=-f(x)$，则称这个函数为奇函数，其图像关于原点对称
	判断方法	（1）定义法： ① 求出函数的定义域. ② 如果对于任意的 $x\in D$，都有 $-x\in D$，则分别求出 $f(x)$ 与 $f(-x)$ 的解析式，然后根据定义判断函数的奇偶性. 如果存在某个 $x_0\in D$，但 $-x_0\notin D$，则函数肯定是非奇非偶函数. （2）图像法： ① 函数为偶函数 $\Leftrightarrow$ 函数图像关于 y 轴对称. ② 函数为奇函数 $\Leftrightarrow$ 函数图像关于原点对称

同步练习

一、选择题

1. 下列函数：

① $f(x)=2x+3$；　　　　　　　　　　② $f(x)=x^2+2x+1$；

③ $f(x)=x+\dfrac{3}{x}(x\neq 0)$；　　　　　　④ $f(x)=\dfrac{x}{x^2+1}$.

其中为奇函数的有（　　）.

　　A．①②　　　　　B．①③　　　　　C．②④　　　　　D．③④

2. 已知函数 $f(x)$ 在 $(-\infty,+\infty)$ 上为偶函数，且 $f(-3)=2$，则 $f(3)=$（　　）.

　　A．2　　　　　　B．-2　　　　　C．-3　　　　　D．3

3. 定义域在 $\mathbf{R}$ 上的偶函数 $f(x)$ 在 $(0,+\infty)$ 上是减函数，则有（　　）.

　　A．$f(3)<f(-5)<f(-4)$　　　　　　B．$f(-5)<f(-4)<f(3)$

　　C．$f(3)<f(-4)<f(-5)$　　　　　　D．$f(-4)<f(-5)<f(3)$

4. 若 $y=f(x)$ 是定义在 $\mathbf{R}$ 上的函数，则 $y=f(x)$ 为奇函数的一个充要条件是（　　）.

　　A．对任意的 $x\in\mathbf{R}$，都有 $f(x)=0$

　　B．图像关于 y 轴对称

　　C．对任意的 $x\in\mathbf{R}$，都有 $f(x)+f(-x)=0$

　　D．存在某一 $x_0\in\mathbf{R}$，使得 $f(-x_0)=-f(x_0)$

5. 已知函数 $y=f(x)$ 的图像关于 y 轴对称，且 $f(a)=2$，则 $f(-a)=$（　　）.

　　A．-2　　　　　B．0　　　　　　C．2　　　　　　D．不确定

二、填空题

1. 点 $A(3,-1)$ 关于 x 轴的对称点是_____，关于 y 轴的对称点是_____，关于原点的对称点是_____.

2. 设 $f(x)$ 的定义域为 **R**，

① 若 $f(x)$ 为奇函数，且 $f(-3)=2$，则 $f(3)=$_____；

② 若 $f(x)$ 为偶函数，且 $f(4)=3$，则 $f(-4)=$_____.

3. 若函数 $y=f(x)$ 的图像关于原点对称，且 $f(-3)=5$，则 $f(3)=$_____.

4. 已知 $f(x)=x^2+bx$ 在 $(-\infty,+\infty)$ 内是偶函数，则 $b=$_____.

5. 已知函数 $f(x)$ 为 **R** 上的奇函数，$g(x)$ 为 **R** 上的偶函数，且 $f(4)=-2$，$g(4)=3$. 则 $2f(-4)-3g(-4)=$_____.

三、解答题

判断下列各函数的奇偶性：

（1） $f(x)=2-3x$；

（2） $f(x)=-\sqrt{2}$；

（3） $f(x)=\dfrac{3-x^2}{x}$；

（4） $f(x)=\sqrt{x}$；

（5） $f(x)=2+|x|$.

3.3 函数的实际应用举例

知识要点

	分段函数	在自变量的不同取值范围内，需要用不同的解析式来表示
函数的实际应用举例	定义域	自变量的各个不同取值范围的并集
	函数值	先判断 x 所属的取值范围，然后再把 x 代入相应的式子计算
	图像	在同一个坐标系中，在自变量的各个不同取值范围内，根据相应的式子做出相应部分的图像

同步练习

一、选择题

1. 函数 $f(x)=\begin{cases} x+3, & x<0 \\ x-1, & 0\leqslant x<4 \end{cases}$ 的定义域为（ ）.

   A. $(-\infty,4]$ 　　B. $[0,4)$ 　　C. $(-\infty,4)$ 　　D. 不能确定

2. 函数 $f(x)=\begin{cases} 3x-2, & -2\leqslant x\leqslant-1 \\ 3x+2, & -1<x\leqslant2 \end{cases}$ 在 $x=-1$ 处的函数值为（ ）.

   A. -5 　　　　B. -1 　　　　C. -5 或 -1 　　D. 不确定

3. 函数 $f(x)=\begin{cases} x, & x\leqslant0 \\ -x, & x>0 \end{cases}$ 的值域为（ ）.

A．$\mathbf{R}$　　　　　B．$(-\infty,0]$　　　C．$(0,+\infty)$　　　D．$[0,+\infty)$

4．函数 $f(x)=\begin{cases}2x-1, & x=-3,\ -2,\ -1 \\ x^2, & x=1,\ 2,\ 3\end{cases}$ 的图像是（　　）．

A．直线　　　　　　B．抛物线　　　　C．离散的点　　　D．以上均不对

5．函数 $f(x)=\begin{cases}2x, & x<0 \\ -2x, & x>0\end{cases}$ 的奇偶性为（　　）．

A．奇函数　　　　　　　　　　B．偶函数

C．既不是奇函数也不是偶函数　　D．不能确定

二、填空题

1．已知 $f(x)=\begin{cases}x^2, & x\leqslant 0 \\ 2x, & 0<x<5\end{cases}$，则此函数的定义域为_____．

2．已知 $f(x)=\begin{cases}-x, & x\leqslant -1 \\ x, & x\geqslant 1\end{cases}$，则此函数的奇偶性为_____．

3．若函数 $f(x)=\begin{cases}2x, & x\in(0,+\infty) \\ kx, & x\in(-\infty,0)\end{cases}$ 是偶函数，则 $k=$_____．

4．已知 $f(x)=\begin{cases}2, & x\in(-\infty,0) \\ -2, & x\in(0,+\infty)\end{cases}$，则此函数的值域为_____．

三、解答题

1．设函数 $f(x)=\begin{cases}2x-1, & -3<x\leqslant 0 \\ x^2, & 0<x<3\end{cases}$．

（1）求该函数的定义域；

（2）求 $f(-1)$，$f(2)$ 的值．

2．设函数 $f(x)=\begin{cases}2x+1, & x\leqslant 0 \\ 3, & x>0\end{cases}$．

（1）求该函数的定义域；

（2）求 $f(5)$，$f(f(-2))$ 的值．

3．某城市固定电话市内通话的收费标准：每次通话 3min 以内，收费 0.2 元；超过 3min 后，每分钟（不足 1min 按 1min 计算）收费 0.1 元．如果通话时间不超过 5min，试建立通话应付费用 y 与通话时间 x 之间的函数关系式，并求出该函数的值域．

3.4　二　次　函　数

知识要点

二次函数	解析式	一般式：$y = ax^2 + bx + c(a \neq 0)$
	图像	二次函数 $y = ax^2 + bx + c(a \neq 0)$ 的图像是一条抛物线，其顶点坐标为 $\left(-\dfrac{b}{2a}, \dfrac{4ac - b^2}{4a}\right)$，对称轴方程为 $x = -\dfrac{b}{2a}$． （1）当 $a > 0$ 时，抛物线开口向上，当 $x = -\dfrac{b}{2a}$ 时，函数有最小值 $\dfrac{4ac - b^2}{4a}$． （2）当 $a < 0$ 时，抛物线开口向下，当 $x = -\dfrac{b}{2a}$ 时，函数有最大值 $\dfrac{4ac - b^2}{4a}$
	单调性	二次函数 $y = ax^2 + bx + c(a \neq 0)$ 的图像是一条抛物线． （1）当 $a > 0$ 时，函数在区间 $\left(-\infty, -\dfrac{b}{2a}\right)$ 上是减函数，在区间 $\left(-\dfrac{b}{2a}, +\infty\right)$ 上是增函数． （2）当 $a < 0$ 时，函数在区间 $\left(-\infty, -\dfrac{b}{2a}\right)$ 上是增函数，在区间 $\left(-\dfrac{b}{2a}, +\infty\right)$ 上是减函数

同步练习

一、选择题

1．函数 $y = x^2 - 4x - 5$ 的图像是（　　）．

　　A．开口向上、顶点为 $(-2,9)$ 的一条抛物线

　　B．开口向上、顶点为 $(2,-9)$ 的一条抛物线

  C．开口向下、顶点为(-2,9)的一条抛物线

  D．开口向下、顶点为(2,-9)的一条抛物线

2．二次函数 $f(x) = -x^2 + 2x - 8$ 的最大值是（　　）．

  A．7   B．6   C．-6   D．-7

3．函数 $y = x^2 + bx + c$ 的图像经过点(3,0)，且关于直线 $x = 2$ 对称，则（　　）．

  A．$b = -4$，$c = -3$ B．$b = -4$，$c = 3$

  C．$b = 4$，$c = -3$ D．$b = 4$，$c = 3$

4．已知函数 $f(x) = ax^2 + bx + c$（$a \neq 0$）的大致图像如图 3-3 所示，则下列结论正确的是（　　）．

  A．$a > 0$，$b < 0$，$c > 0$ B．$a > 0$，$b > 0$，$c > 0$

  C．$a > 0$，$b > 0$，$c < 0$ D．$a < 0$，$b > 0$，$c > 0$

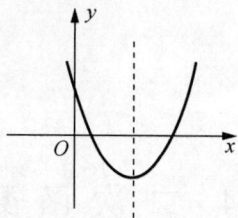

图 3-3

5．若二次函数 $y = -x^2 - 4x + c$ 的图像的顶点在 x 轴上，则 $c =$（　　）．

  A．2   B．-2   C．4   D．-4

6．二次函数 $y = -3x^2 + mx + 4$ 在区间 $(-\infty, 2)$ 上是增函数，在区间 $[2, +\infty)$ 上是减函数，则 $m =$（　　）．

  A．6   B．-6   C．12   D．-12

7．二次函数 $y = x^2 + bx + c$ 的图像上有两点(3,2)和(-5,2)，则此抛物线的对称轴方程是（　　）．

  A．$x = -1$ B．$x = 1$ C．$x = 2$ D．$x = -2$

8．已知二次函数 $f(x)$ 的图像开口向下，且对称轴为直线 $x = 3$，则下列各式中，正确的是（　　）．

  A．$f(4) > f(7)$ B．$f(-3) > f(1)$

  C．$f(3) = f(-3)$ D．以上都不对

二、填空题

1．写出一个图像过点（2,-4），且开口向下的二次函数的解析式：_____．

2．抛物线 $y = x^2 + bx + c$ 的图像经过 $A(-2,0)$，$B(3,0)$ 两点，则这条抛物线的解析式为_____．

3．若二次函数 $f(x)$ 的顶点坐标为(-1,2)，且 $f(1) = -2$，则该二次函数的解析式为_____．

4．函数 $y = 1 - 2x - x^2$ 的对称轴方程为_____，值域为_____，该函数的单调递增和单调递减区间分别为_____．

5．已知直线 $y = x + b$ 与抛物线 $y = x^2 + 1$ 有两个不同的交点，则 b 的取值范围是_____．

6．已知抛物线 $y = x^2 - x - 6$ 和 x 轴，y 轴分别交于 $A，B，C$ 三点，则 $\triangle ABC$ 的面积为_____．

7．已知二次函数 $y = (|m| - 3)x^2 + 4x + 1$ 的图像开口向下，则 m 的取值范围是_____．

三、解答题

1．已知二次函数 $y = -x^2 + 4(m-1)x + m + m^2$ 的图像关于 y 轴对称，求 m 的值．

2．已知一元二次函数 $y = f(x)$ 的图像的顶点坐标是 $(6, -12)$，且它与 x 轴的一个交点为 $(8, 0)$．求：
（1）二次函数 $y = f(x)$ 的解析式；
（2）二次函数值非负时的自变量 x 的取值范围．

3．用长 16m 的铁丝围成一个矩形，设矩形的一边长为 x，面积为 y．
（1）写出 y 与 x 之间的函数关系式，并指出自变量 x 的取值范围；
（2）当 x 为何值时，矩形面积最大？最大面积是多少？

第4章 指数函数与对数函数

4.1 指数幂的推广

4.1.1 有理数指数幂

知识要点

有理数指数幂	整数指数幂	正整数指数幂 a^n 表示 $a \cdot a \cdots \cdots a$ $(n \in \mathbf{N}^+)$，负整数指数幂 $a^{-p} = \dfrac{1}{a^p}$ $(a \neq 0)$，零指数幂 $a^0 = 1 (a \neq 0)$
	分数指数幂	正分数指数幂（根式）$a^{\frac{1}{n}} = \sqrt[n]{a}$ $(a > 0)$，$a^{\frac{m}{n}} = \sqrt[n]{a^m}$ $(a > 0)$，负分数指数幂 $a^{-\frac{m}{n}} = \dfrac{1}{a^{\frac{m}{n}}}$ $(a > 0)$
	有理数指数幂的运算性质	$a^n \cdot a^m = a^{n+m}$，$a^n \div a^m = a^{n-m}$，$(ab)^n = a^n b^n$，$\left(\dfrac{a}{b}\right)^n = \dfrac{a^n}{b^n}$ $(b \neq 0)$，$(a^m)^n = a^{mn}$

同步练习

一、选择题

1. 下列计算正确的是（　　）.

   A．$a^m \cdot a^n = a^{mn}$　　　　　　　　B．$(a+b)^n = a^n + b^n$

   C．$(a^m)^n = a^{mn}$　　　　　　　　　D．$(ab)^n = ab^n$

2. 下列运算中正确的是（　　）.

   A．$(-1)^0 = -1$　　　　　　　　　B．$3 \times \left(\dfrac{1}{2}\right)^{-2} = 12$

   C．$(5^3)^2 \times 5^4 = 5^9$　　　　　　　D．$\dfrac{-3^5}{(-3)^3} = -3^2$

3. 已知 $x^{-3} = 8$，那么 x 的值是（　　）.

   A．2　　　　　　B．-2　　　　　C．± 2　　　　　D．$\dfrac{1}{2}$

4. 若 $2^x = \dfrac{1}{64}$，则 $x = $（　　）.

   A．5　　　　　　B．-5　　　　　C．6　　　　　　D．-6

5. 计算：$2^{\frac{2}{3}} \times 2^{-\frac{1}{3}} \div 2^{\frac{4}{3}} = $（　　）.

   A．2　　　　　　B．-2　　　　　C．$-\dfrac{1}{2}$　　　　D．$\dfrac{1}{2}$

二、填空题

1. 计算：$\left(1\dfrac{9}{16}\right)^{\frac{1}{2}}=$_____，　$3^{\frac{2}{3}}\cdot 9^{\frac{1}{6}}=$_____．

2. 化简：$\sqrt[6]{(-2)^6}=$_____，　$\sqrt[4]{x^4}=$_____．

3. 用分数指数幂表示根式：$\sqrt[4]{3^3}=$_____，　$\dfrac{1}{\sqrt[3]{6^4}}=$_____．

4. 已知 $x<1$，则 $\sqrt{x^2-2x+1}=$_____．

三、解答题

1. 计算：$\left(1\dfrac{1}{2}\right)^2\div(0.25)^{\frac{1}{2}}-\sqrt{(-2)^2}+(\sqrt{2}-\sqrt{3})^0$．

2. 化简：$\dfrac{2a^{-3}b^{-2}\cdot 3a^{-2}\cdot b}{4a^{-4}\cdot b^{-3}}$．

3. 已知 $3^{x^2-4x}=\dfrac{1}{27}$，求 x 的值．

4.1.2　实数指数幂及运算性质

知识要点

实数指数幂	实数指数幂的运算性质	$a^n \cdot a^m = a^{n+m}$ ， $(ab)^n = a^n b^n$ ， $(a^m)^n = a^{mn}$ （ $a > 0$ ， $b > 0$ ， m ， n 为实数）

同步练习

一、选择题

1. 计算： $\left[\sqrt[3]{(-7)^2} \right]^{\frac{3}{4}} = ($ 　　　).

　　A. 7　　　　　　　B. -7　　　　　　　C. $\sqrt{7}$　　　　　　　D. $-\sqrt{7}$

2. 方程 $4^x = 2^{x+1}$ 的解为（　　　）.

　　A. $x = -1$　　　　B. $x = 1$　　　　C. $x = 2$　　　　D. $x = -2$

3. 设 $x^{\frac{3}{4}} = 3^{\frac{3}{2}}$ ，则 $x = ($ 　　　).

　　A. 9　　　　　　　B. 3　　　　　　　C. $3^{\frac{9}{8}}$　　　　　　D. $3^{\frac{9}{4}}$

4. 已知 $a < \dfrac{1}{3}$ ，则 $\sqrt{9a^2 - 6a + 1} = ($ 　　　).

　　A. $3a - 1$　　　　B. $1 - 3a$　　　　C. $\sqrt{3a-1}$　　　　D. $-\sqrt{3a-1}$

二、填空题

1. $\left(\dfrac{1}{3} \right)^{-2} = $ _____ ， $(\sqrt{3})^4 = $ _____ ， $8^{-\frac{1}{3}} = $ _____ .

2. $27^{-2} \div 9^{-3} \times 3^4 = $ _____ .

3. $a^{\frac{3}{2}} \cdot a^{-\frac{3}{2}} = $ _____ .

4. $\left(x^2 \cdot x^{-\frac{4}{5}} \right) \div x^{\frac{1}{5}} = $ _____ .

三、解答题

1. 计算： $\left(6\dfrac{1}{4} \right)^{-\frac{1}{2}} + (\sqrt{2} - 1)^0 - \left(3\dfrac{3}{8} \right)^{-\frac{1}{3}} - \left(-\dfrac{1}{2} \right)^{-2}$.

2．计算：$16^{\frac{1}{4}}-\left(\frac{1}{27}\right)^{-\frac{1}{3}}+\left(2\frac{1}{4}\right)^{-\frac{1}{2}}-4.7^{0}$．

3．计算：$\left(2\frac{1}{4}\right)^{\frac{1}{2}}+\left(\frac{27}{64}\right)^{-\frac{1}{3}}-\left(2\frac{7}{9}\right)^{\frac{1}{2}}-4^{-\frac{1}{2}}$．

4.2　指　数　函　数

4.2.1　指数函数的概念

本节内容将与 4.2.2 节内容综合练习．

4.2.2　指数函数 $y=a^{x}(a>0$ 且 $a\neq1)$ 的图像和性质

知识要点

	概念	形如 $y=a^{x}(a>0$且$a\neq1)$ 的函数叫做指数函数
指数函数的概念、图像及性质	图像	
	性质	定义域　**R**
		值域　$(0,+\infty)$
		过定点　图像过定点$(0,1)$，即 $a^{0}=1$
		单调性　$a>1$ 时，函数在 **R** 上是增函数； $0<a<1$ 时，函数在 **R** 上是减函数

同步练习

一、选择题

1. 函数 $y = \left(\dfrac{1}{2}\right)^x$ 的大致图像是（　　）.

A. 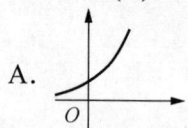　　B. 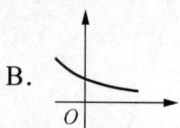　　C. 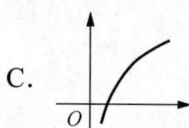　　D.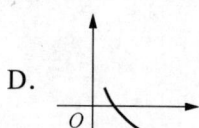

2. 已知 $a^{\frac{2}{3}} < a^{\sqrt{2}}$，则 a 的取值范围是（　　）.

A. $(0,1)$　　　　B. $(-\infty,\ 0)$　　　　C. $(1,\ +\infty)$　　　　D. $(1,2)$

3. 若 $\left(\dfrac{1}{4}\right)^m < 0.25^n$，则 m, n 的关系是（　　）.

A. $m = \dfrac{n}{2}$　　　B. $m = n$　　　C. $m > n$　　　D. $m < n$

4. 已知 $f(x) = a^x\ (0 < a < 1)$，则以下结论正确的是（　　）.

A. 当 $x < 0$ 时，$f(x) < 0$　　　　B. 当 $x_1 < x_2$ 时，$f(x_1) < f(x_2)$

C. 当 $x > 0$ 时，$f(x) < 0$　　　　D. 当 $x_1 < x_2$ 时，$f(x_1) > f(x_2)$

5. 下列各不等式中，成立的是（　　）.

A. $3.1^{0.1} > 3.1^{0.2}$　　　　B. $\left(\dfrac{1}{3}\right)^{0.1} > \left(\dfrac{1}{3}\right)^{0.2}$

C. $3^{-0.2} > 3^{-0.1}$　　　　D. $\left(\dfrac{1}{3}\right)^{-0.1} > \left(\dfrac{1}{3}\right)^{-0.2}$

二、填空题

1. 指数函数图像必过定点_____.

2. 用 ">" 或 "<" 填空：$9^{0.12}$ _____ $9^{0.11}$，$0.6^{-2.1}$ _____ $0.6^{-2.2}$.

3. 已知 $2^{\frac{1}{2}}$，$(\sqrt{3})^0$，$\left(\dfrac{1}{2}\right)^2$，按照从小到大的顺序可以排列为_____.

4. 若 $y = (a+2)^x$ 在 $(-\infty, +\infty)$ 上是减函数，则 a 的取值范围是_____.

三、解答题

1. 已知函数 $f(x) = a^x\ (a > 0)$ 的图像过点 $P\left(2, \dfrac{1}{4}\right)$，求 a 的值.

2．指数函数 $f(x) = a^x \, (a > 0)$ 的图像过点 $\left(-2, \dfrac{1}{9}\right)$，求 $f(0)$，$f(1)$，$f(-1)$ 的值．

3．解不等式：$2^{x^2+3} > 2^{4x}$．

4.2.3　指数函数的实际应用举例

知识要点

指数函数的应用	指数函数	形如 $y = a^x \, (a > 0 \text{ 且 } a \neq 1)$ 的函数叫做指数函数
	应用问题	是指有实际背景或有实际意义的数学问题．本节应用题主要是实际生活中涉及两个变量的函数关系的问题，通过建立指数函数关系式来解决实际问题．这是指数函数知识应用的一个重要方面

同步练习

一、选择题

1．某厂 2010 年的年产值为 m 万元，以后每年提高 10%，到 2016 年年底，此厂的年产值将达到（　　）万元．

　　A．$m + 5 \times 10\%$　　　　　　　　B．$m(1 + 10\%)^7$

　　C．$m(1 + 10\%)^6$　　　　　　　　D．$5m(1 + 10\%)$

2．某产品的原成本为 100 元，经过技术革新，每年可降低成本 5%，则三年后成本降为（　　）元．

　　A．$100 - 15\%$　　　　　　　　　B．$100 \times (1 - 5\%)^3$

　　C．$100 \times (1 - 5\%)^4$　　　　　　D．$(1 - 5\%)^3$

3．某城市现有人口 800 万，年自然增长率为 1%，则 5 年后该城市人口将达到（　　　）万．

A．$800+5\%$　　　　　　　　　　B．$800 \times 5\%$

C．$800 \times (1+1\%)^4$　　　　　　D．$800 \times (1+1\%)^5$

4．按复利计算利息的一种储蓄的本金为 1 万元，若每期利率为 2%，存 3 期，则到期后的本息和是（　　　）万元．

A．$1+2\% \times 3$　　　　　　　　B．$(1+2\%) \times 3$

C．$1 \times (1+2\%)^2$　　　　　　D．$1 \times (1+2\%)^3$

二、填空题

1．某细胞以 1 个分裂成 2 个，2 个分裂成 4 个……的方式分裂，这样分裂 x 次后，得到的细胞个数 y 与 x 的函数解析式为_____．

2．小李到银行办理了某种按复利计息的储蓄，本金是 5000 元，每期利息为 2%，则存 5 期后的本息和的列式为_____．

三、解答题

现代人们越来越注重食品健康，洗菜机应运而生。若某品牌的洗菜机每分钟能去除蔬菜上农药残存量的 $\dfrac{2}{3}$，试写出农药残存量 y 与使用洗菜机时间 x 的函数解析式．

4.3　对　　数

4.3.1　对数的概念

知识要点

对数	定义	$a^b = N(N>0,\ a>0,\ a \neq 1)$ 化为对数式为 $b = \log_a N$，其中 a 叫做对数的底数，N 叫做真数
	规定	零和负数没有对数，即真数>0
	恒等式	$\log_a a = 1$，　$\log_a 1 = 0$，　$\log_a \dfrac{1}{a} = -1$
	特殊对数	常用对数：底数为 10 的对数，即 $\log_{10} N$，简记为 $\lg N$． 自然对数：底数为 e（e=2.718 28…）的对数，即 $\log_e N$，简记为 $\ln N$

同步练习

一、选择题

1. 下列转化正确的是（　　）.

　　A．$3^x = 4 \Leftrightarrow x = \log_3 4$　　　　　　B．$3^x = 4 \Leftrightarrow x = \log_4 3$

　　C．$3^x = 4 \Leftrightarrow x = \sqrt[3]{4}$　　　　　　D．$3^x = 4 \Leftrightarrow x = \sqrt[4]{3}$

2. 下列关于对数的叙述，正确的是（　　）.

　　A．对数的真数是非负数　　　　　　B．所有数都有对数

　　C．常用对数是以 10 为底的对数　　D．自然对数是以 10 为底的对数

3. 指数式 $5^2 = 25$ 换成对数式正确的是（　　）.

　　A．$\log_2 25 = 5$　　　B．$\log_5 25 = 2$　　　C．$\log_2 5 = 25$　　　D．$\log_5 2 = 25$

4. 对数式 $\lg 0.01 = -2$ 换成指数式正确的是（　　）.

　　A．$10^{-2} = 0.01$　　　B．$e^{-2} = 0.01$　　　C．$10^{0.01} = -2$　　　D．$e^{0.01} = -2$

5. 已知 $\log_{\frac{1}{2}} N = 2$，则 N 的值为（　　）.

　　A．-1　　　　　　B．$\dfrac{1}{4}$　　　　　　C．$\dfrac{1}{2}$　　　　　　D．2

二、填空题

1. 计算：$\log_3 3 =$ _____，$\log_3 1 =$ _____.

2. 将指数式化为对数式：

　　$2^5 = 32 \Leftrightarrow$ _____，　$0.1^{-2} = 100 \Leftrightarrow$ _____.

3. 将对数式化为指数式：

　　$\log_2 8 = 3 \Leftrightarrow$ _____，　$\log_a 3 = 2 \ (a > 0,\ a \neq 0) \Leftrightarrow$ _____.

4. 若 $\log_4 x = \dfrac{1}{2}$，则 $x =$ _____.

三、解答题

1. 将下列指数式写成对数式：

（1）$5^2 = 25$；（2）$\left(\dfrac{1}{2}\right)^3 = \dfrac{1}{8}$；（3）$2^{-5} = \dfrac{1}{32}$.

2. 将下列对数式写成指数式：

（1）$\log_2 16 = 4$；（2）$\log_{\frac{1}{3}} 27 = -3$；（3）$\lg N = a$.

3. 求下列对数式中真数 N 的值：

（1）$\log_2 N = -2$；（2）$\log_{64} N = -\dfrac{1}{3}$；（3）$\ln N = 0$.

4.3.2　积、商、幂的对数

知识要点

对数运算法则	积的对数	$\log_a(MN) = \log_a M + \log_a N$ （$a > 0$，$a \neq 1$，$M > 0$，$N > 0$）
	商的对数	$\log_a \dfrac{M}{N} = \log_a M - \log_a N$ （$a > 0$，$a \neq 1$，$M > 0$，$N > 0$）
	幂的对数	$\log_a N^n = n\log_a N$，　$\log_a \sqrt[n]{N} = \dfrac{1}{n}\log_a N$ （$a > 0$，$a \neq 1$，$N > 0$）
		特别地，$\log_a a^b = b$ （$a > 0$，$a \neq 1$）
求值公式	换底公式	$\log_a b = \dfrac{\log_c b}{\log_c a}$（$b > 0$，$a > 0$，$a \neq 1$，$c > 0$，$c \neq 1$）
	恒等式	$a^{\log_a N} = N$（$a > 0$，$a \neq 1$）

同步练习

一、选择题

1．下列各式中错误的是（　　　）．

　　A．$e^{\ln \pi} = \pi$
　　B．$\log_2 3 = \dfrac{1}{\log_3 2}$

　　C．$e^{\lg e} = e$
　　D．$\lg(MN) = \lg M + \lg N$（$M > 0$，$N > 0$）

2．设 a，b 为不等于 1 的两个正数，则下列等式恒成立的是（　　　）．

　　A．$2^{\lg ab} = ab$
　　B．$(3^a)^b = 3^{ab}$

　　C．$\dfrac{\lg a}{\lg b} = \lg a - \lg b$
　　D．$\log_a b = \log_b a$

3．已知 $\log_2 64 + \log_2 x = 5$，则 x 的值是（　　　）．

　　A．-2　　　　　　B．2　　　　　　C．$-\dfrac{1}{2}$　　　　　　D．$\dfrac{1}{2}$

4．计算：$\lg(100N) - \lg \dfrac{N}{100} = $（　　　）．

　　A．-2　　　　　　B．0　　　　　　C．4　　　　　　D．$4N$

5．计算 $\lg 8 \div \lg \dfrac{1}{8} = $（　　　）．

　　A．$-\lg 2$　　　　　　B．-9　　　　　　C．-1　　　　　　D．1

二、填空题

1．$\lg 2 + \lg 5 = $ _____，$\lg 4 + \lg 25 = $ _____．

2．$\log_2 8 = $ _____，$\log_{27} \dfrac{1}{81} = $ _____，$\log_{\sqrt{2}} 16 = $ _____．

3．$3^{\log_3 4} = $ _____，$\log_3 4 \cdot \log_4 3 = $ _____．

4．若 $\log_{12} 3 = m$，则 $\log_{12} 4 = $ _____．

三、解答题

1．计算：$\left(2\dfrac{3}{5}\right)^0 + 2^{-2} \times \left(2\dfrac{1}{4}\right)^{-\frac{1}{2}} - (0.01)^{0.5} + 3^{\log_3 \frac{1}{2}} - (\lg 4 + \lg 25) \cdot$

2．计算：$(-2)^{-2} + \lg 0.1 - 3^{\log_3 2} + \log_3 25 \times \log_{125} 27 .$

3．已知 $\lg 2 \approx 0.3010$，$\lg 3 \approx 0.4771$，求 $\log_5 12$ 的值（精确到 0.001）．

4.4　对　数　函　数

4.4.1　对数函数的概念

本节内容将与 4.4.2 节内容综合练习．

4.4.2　对数函数的图像和性质

知识要点

对数函数的概念、图像及性质	概念	形如 $y = \log_a x\,(a>0\,且\,a\neq1)$ 的函数叫做对数函数	
	图像		
	性质	定义域	$(0,+\infty)$
		值域	**R**
		过定点	图像过定点(1,0)，即 $\log_a 1=0$
		单调性	$a>1$ 时，函数在$(0,+\infty)$上是增函数；$0<a<1$ 时，函数在$(0,+\infty)$上是减函数

同步练习

一、选择题

1. 函数 $y = \log_3 x$ 的大致图像是（　　　）.

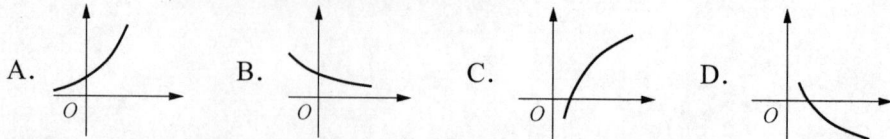

A. B. C. D.

2. 函数 $y = \lg(1 + x)$ 的定义域为（　　　）.

A. $(-1, +\infty)$　　　　B. $(-\infty, -1)$　　　　C. $[-1, +\infty)$　　　　D. $(-\infty, -1]$

3. 下列函数在 $(-\infty, +\infty)$ 上为增函数的是（　　　）.

A. $y = \log_{\frac{5}{2}} x$　　　B. $y = \left(\dfrac{5}{2}\right)^x$　　　C. $y = \log_{\frac{2}{5}} x$　　　D. $y = \left(\dfrac{2}{5}\right)^x$

4. 下列不等式中成立的是（　　　）.

A. $3^{0.1} > 3^{0.2}$　　　　　　　　　　　　B. $\left(\dfrac{1}{2}\right)^{0.1} > \left(\dfrac{1}{2}\right)^{0.2}$

C. $\log_2 0.1 > \log_2 0.2$　　　　　　　　　D. $\log_{0.1} 2 > \log_{0.1} 1.2$

5. 函数 $y = 3 + \log_a x \,(a > 0,\ a \neq 1)$ 的图像经过定点 P，则点 P 的坐标是（　　　）.

A. $(0,3)$　　　　B. $(0,4)$　　　　C. $(1,3)$　　　　D. $(1,4)$

二、填空题

1. 对数函数图像必过定点＿＿＿＿＿＿＿.

2. 比较大小：$\log_{0.5} 3$ ＿＿＿＿＿＿ $\log_{0.5} 4$，$\log_3 2$ ＿＿＿＿＿＿ 1.

3. 若 $\log_2 x < 1$，则 x 的取值范围是＿＿＿＿＿＿＿.

4. 函数 $y = \dfrac{1}{\log_3 x}$ 的定义域为＿＿＿＿＿＿＿.

三、解答题

1. 求函数 $f(x) = \log_2(1 - 2x)$ 的定义域.

2. 求 x 的取值范围：$\log_{\frac{1}{2}}(x + 3) > \log_{\frac{1}{2}}(4x)$.

3．已知函数 $f(x) = \log_a \left(3^x + \dfrac{8}{3} \right)$ 的图像过点 $P(-2,2)$，求实数 a 的值．

4.4.3　对数函数的实际应用举例

知识要点

对数函数的应用	对数函数	形如 $y = \log_a x\,(a > 0 且 a \neq 1)$ 的函数叫做对数函数
	应用问题	是指有实际背景或有实际意义的数学问题．本节应用题主要是实际生活中涉及两个变量的函数关系的问题，通过建立对数函数关系式来解决实际问题．这是对数函数知识应用的一个重要方面

同步练习

一、选择题

1．某厂今年的年产值为 100 万元，以后每年提高 10%，经过 x 年后，此厂的年产值将达到 y 万元，则 x，y 之间的函数关系式为（　　）．

　　A．$y = 100 + x \times 10\%$　　　　　　　　B．$y = 100 + 10\%^x$

　　C．$y = 100 \times (1 + 10\%)^x$　　　　　　D．$y = 100 + (1 + 10\%)^x$

2．用清水漂洗衣服，若每次能洗去污垢的一半，则存留污垢量 y 与漂洗的次数 x 的函数关系式为（　　）．

　　A．$y = 1 - x \times 50\%$　　　　　　　　B．$y = 1 - 50\%^x$

　　C．$y = 1 \times 50\%^x$　　　　　　　　　D．$y = x \times 50\%$

3．某毕业生原有存款 1000 元，他计划从工作后的第一年开始，存款以每年 20% 的增长率递增，那么他工作后第（　　　）年的存款数额开始超过 2000 元．（$\lg 2 \approx 0.3010$，$\lg 1.2 \approx 0.0792$）

　　A．3　　　　　　B．4　　　　　　C．5　　　　　　D．6

二、填空题

1．已知放射性物质镭每经过一年有 2.1% 的质量变化为其他物质，设镭原来的质量为 a 克，则镭的剩余量 y 克随年数 x 变化的函数关系式为_____．

2．某镇 2015 年粮食作物每公顷的平均产量是 5000kg，从 2016 年起，该镇计划平均每年比上一年增长 7%，则大约经过_____年可以提高到每公顷平均 8000kg．（$\lg 1.6 \approx 0.2041$，$\lg 1.07 \approx 0.0294$）

三、解答题

1. 某城市现有人口总数 3200 万，如果人口数的年自然增长率控制在 1.2%，那么大约几年后该城市的人口总数将达到 4000 万？（已知 $\lg 2 \approx 0.3010$，$\lg 1.012 \approx 0.005\,181$，结果保留整数）

2. 某厂今年的年产值为 10 亿元，该厂计划从明年起，每年的年产值比上一年增长 12%，求：

（1）该厂的年产值 y（亿元）随时间 x（年）变化的函数关系；

（2）大约经过多少年，该厂的年产值可以翻两番？（$\lg 2 = 0.3010$，$\lg 1.12 = 0.0463$，结果保留整数）

第 5 章 三 角 函 数

5.1 任意角的概念

5.1.1 角的概念推广

知识要点

任意角	角的定义	平面内一条射线绕着它的端点从一个位置旋转到另一个位置所成的图形叫做角. 射线的端点叫做角的顶点, 初始位置的射线叫做角的始边, 终止位置的射线叫做角的终边
	正角、负角、零角	按逆时针方向旋转形成的角叫做正角. 按顺时针方向旋转形成的角叫做负角. 一条射线没有做任何旋转而成的角叫做零角
	终边相同的角	两个角的始边重合, 终边也重合时, 称这两个角为终边相同的角. 与角 α 终边相同的角有无数个, 可用集合表示为 $\{\beta|\beta=k\cdot360°+\alpha,k\in\mathbf{Z}\}$ (角 α 的单位为度)
	象限角、轴线角	在直角坐标系中, 把角的顶点放在原点, 角的始边与 x 轴的正半轴重合, 角的终边在第几象限, 这个角就叫做第几象限角; 如果角的终边落在坐标轴上, 那么就称这个角为轴线角. 注: 轴线角不属于任何一个象限

同步练习

一、选择题

1. 下列命题中正确的是（ ）.
   A. 小于 $90°$ 的角一定是锐角
   B. 终边在 y 轴正半轴上的角是直角
   C. 第二象限的角一定比第一象限的角大
   D. 若 $\beta=\alpha+k\cdot360°(k\in\mathbf{Z})$, 则 α 与 β 终边相同

2. 若角 α 是第二象限的角, 则下列说法正确的是（ ）.
   A. 角 α 一定是锐角　　　　　B. 角 α 一定是钝角
   C. 角 α 一定是正角　　　　　D. 角 α 可能是负角

3. 与 $150°$ 角终边相同的角是（ ）.
   A. $150°+k\cdot360°,\ k\in\mathbf{Z}$　　　　　B. $-150°+k\cdot360°,\ k\in\mathbf{Z}$
   C. $150°+(2k+1)\cdot180°,\ k\in\mathbf{Z}$　　　D. $240°+k\cdot360°,\ k\in\mathbf{Z}$

4. 与 $30°$ 角终边相同的角是（ ）.
   A. $-30°$　　　　B. $150°$　　　　C. $330°$　　　　D. $390°$

5. 与 $-60°$ 角终边相同的角是（ ）.
   A. $60°$　　　　B. $480°$　　　　C. $540°$　　　　D. $660°$

二、填空题

1．100°角是第_____象限的角．

2．345°角是第_____象限的角．

3．–80°角是第_____象限的角．

4．–2100°角是第_____象限的角．

三、解答题

1．写出下列角的集合：

（1）所有与50°角终边相同的角组成的集合；

（2）所有与180°角终边相同的角组成的集合；

（3）所有与–270°角终边相同的角组成的集合．

2．写出下列角的集合：

（1）所有与 x 轴正半轴终边相同的角组成的集合；

（2）所有与 y 轴负半轴终边相同的角组成的集合；

（3）所有与 x 轴终边相同的角组成的集合；

（4）所有与 y 轴终边相同的角组成的集合．

3．在 $0°\sim360°$ 之间，找出与下列角终边相同的角，并分别判断它们是第几象限的角？
（1）$470°$；（2）$930°$；（3）$-500°$；（4）$-1234°$；（5）$-71°20'$．

5.1.2　弧度制

知识要点

弧度制	角度制	$1°$ 的角等于周角的 $\dfrac{1}{360}$，这种以角度为单位来度量角的单位制叫做角度制
	弧度制	把弧长等于半径的圆弧所对的圆心角叫做 1 弧度的角，记作 1rad，通常情况下 rad 可省略．这种以弧度为单位来度量角的单位制叫做弧度制． （1）周角 $360°=2\pi$，平角 $180°=\pi$，直角 $90°=\dfrac{\pi}{2}$，零角 $0°=0$. （2）度与弧度的互化公式： $1\text{rad}=\dfrac{180°}{\pi}\approx 57°18'=57.30°$ $1°=\dfrac{\pi}{180}\approx 0.017\,45\text{ rad}$
	公式	（1）弧长公式：$l=\lvert\alpha\rvert\, r$（圆心角 α 以弧度为单位）. （2）扇形面积公式：$S=\dfrac{1}{2}lr=\dfrac{1}{2}\lvert\alpha\rvert\, r^2$（圆心角 α 以弧度为单位）

同步练习

一、填空题

1. $0°=$ _____ rad.　　　　　　　　　2. $30°=$ _____ rad.

3. $45°=$ _____ rad.　　　　　　　　　4. $60°=$ _____ rad.

5. $90°=$ _____ rad.　　　　　　　　　6. $120°=$ _____ rad.

7. $135°=$ _____ rad.　　　　　　　　8. $150°=$ _____ rad.

9. $180°=$ _____ rad.　　　　　　　　10. $360°=$ _____ rad.

二、解答题

1. 把下列角度化为弧度：

（1）$15°$；　　　　　　　　　　　　　　（2）$75°$；

（3）$330°$；　　　　　　　　　　　　　　（4）$420°$；

（5）540°；

（6）-270°；

（7）-405°；

（8）-1080°．

2．把下列弧度化为角度：

（1）$\dfrac{8}{3}\pi$；

（2）$\dfrac{7}{4}\pi$；

（3）$\dfrac{6}{5}\pi$；

（4）$\dfrac{10}{9}\pi$；

（5）$-\dfrac{2}{3}\pi$；

（6）$-\dfrac{7}{6}\pi$；

（7）$-\dfrac{11}{3}\pi$；

（8）$-\dfrac{16}{7}\pi$.

3．已知圆的半径为 2m，求 5rad 的圆心角所对的弧长．

4．已知扇形弧长为 16cm，半径为 12cm，求扇形的面积．

5.2 任意角的三角函数

5.2.1 任意角的三角函数概念

知识要点

任意角的三角函数概念	三角函数的定义	在角 α 的终边上任取一点 $P(x,y)$，如图 1 所示，它到原点的距离 $|OP|=r=\sqrt{x^2+y^2}$ ($r>0$)，则有 角 α 的正弦：$\sin\alpha=\dfrac{y}{r}$； 角 α 的余弦：$\cos\alpha=\dfrac{x}{r}$； 角 α 的正切：$\tan\alpha=\dfrac{y}{x}$ ($x\neq0$)； 角 α 的余切：$\cot\alpha=\dfrac{x}{y}$ ($y\neq0$). 注意：角 α 的三角函数值与角的终边位置有关，而与终边上的点 P 的位置无关 图 1
	三角函数符号法则 （见图 2）	 图 2

同步练习

一、选择题

1. 已知角 α 的终边上一点 $P(-3,4)$，则 $\sin\alpha=$（　　）.

    A. $\dfrac{4}{5}$ B. $\dfrac{3}{5}$ C. $-\dfrac{3}{5}$ D. $-\dfrac{4}{5}$

2. 已知角 α 的终边上一点 $M(-1,5)$，则 $\cos\alpha =$（　　　）.

　A．$\pm\dfrac{\sqrt{26}}{26}$　　　　B．$\dfrac{\sqrt{26}}{26}$　　　　C．$-\dfrac{\sqrt{26}}{26}$　　　　D．$-\dfrac{1}{5}$

3. 已知角 α 的终边上一点 $N(12,5)$，则 $\tan\alpha =$（　　　）.

　A．$\dfrac{5}{13}$　　　　B．$\dfrac{12}{13}$　　　　C．$\dfrac{5}{12}$　　　　D．$\dfrac{12}{5}$

4. 若 $\sin\alpha >0$，则 α 在（　　　）.

　A．第一、二象限　　　　　　　　B．第一、三象限

　C．第一、四象限　　　　　　　　D．第二、四象限

5. 若 $\sin\alpha >0$，且 $\cos\alpha <0$，则 α 在（　　　）.

　A．第一象限　　　　　　　　　　B．第二象限

　C．第三象限　　　　　　　　　　D．第四象限

二、填空题

1. 已知角 α 的终边过点 $P(-4,-3)$，则 $\sin\alpha + \cos\alpha =$ _____.

2. 已知角 α 的终边过点 $P(-5,12)$，则 $\sin\alpha + \cos\alpha + \tan\alpha =$ _____.

3. 若 $\sin\alpha <0$ 且 $\cos\alpha <0$，则 α 在第 _____ 象限.

4. 若 $\sin\alpha \cos\alpha >0$，则 α 在第 _____ 象限.

三、解答题

1. 已知角 α 的终边过点 $P(x,-5)$，且满足 $x<0$，$\sin\alpha =-\dfrac{5}{13}$，求 $\cos\alpha$，$\tan\alpha$ 的值.

2. 已知角 α 的终边过点 $P(-3,-4)$，求 $2\cos\alpha +3\sin\alpha$ 的值.

3．确定下列三角函数值的符号：

（1） $\sin 800°$ ； （2） $\cos \dfrac{6\pi}{5}$ ；

（3） $\tan\left(-\dfrac{5\pi}{4}\right)$ ．

5.2.2 特殊角的三角函数值

知识要点

	α	0°	30°	45°	60°	90°	120°	135°	150°	180°	270°	360°
特殊角的三角函数值	弧度	0	$\dfrac{\pi}{6}$	$\dfrac{\pi}{4}$	$\dfrac{\pi}{3}$	$\dfrac{\pi}{2}$	$\dfrac{2\pi}{3}$	$\dfrac{3\pi}{4}$	$\dfrac{5\pi}{6}$	π	$\dfrac{3\pi}{2}$	2π
	$\sin\alpha$	0	$\dfrac{1}{2}$	$\dfrac{\sqrt{2}}{2}$	$\dfrac{\sqrt{3}}{2}$	1	$\dfrac{\sqrt{3}}{2}$	$\dfrac{\sqrt{2}}{2}$	$\dfrac{1}{2}$	0	−1	0
	$\cos\alpha$	1	$\dfrac{\sqrt{3}}{2}$	$\dfrac{\sqrt{2}}{2}$	$\dfrac{1}{2}$	0	$\dfrac{1}{2}$	$-\dfrac{\sqrt{2}}{2}$	$\dfrac{\sqrt{3}}{2}$	−1	0	1
	$\tan\alpha$	0	$\dfrac{\sqrt{3}}{3}$	1	$\sqrt{3}$	不存在	$-\sqrt{3}$	−1	$-\dfrac{\sqrt{3}}{3}$	0	不存在	0
	$\cot\alpha$	不存在	$\sqrt{3}$	1	$\dfrac{\sqrt{3}}{3}$	0	$-\dfrac{\sqrt{3}}{3}$	−1	$-\sqrt{3}$	不存在	0	不存在

同步练习

一、选择题

1．$\sin 30° + \cos 60°$ 的值是（ ）．

A． $\dfrac{1}{2}$ B． $\dfrac{\sqrt{3}}{2}$ C． 1 D． $\sqrt{3}$

2. $\cos\dfrac{2\pi}{3}+\sin\dfrac{5\pi}{6}+\tan\dfrac{\pi}{4}$ 的值是（　　　）.

　　A. -1　　　　　　B. 0　　　　　　C. 1　　　　　D. $\sqrt{3}$

3. $\cos\dfrac{\pi}{4}+\tan\dfrac{3\pi}{4}$ 的值是（　　　）.

　　A. -1　　　　　　B. 0　　　　　　C. $\dfrac{\sqrt{2}}{2}-1$　　　D. $\dfrac{\sqrt{2}}{2}+1$

4. $\sin^2\dfrac{\pi}{6}+\cos^2\dfrac{\pi}{6}$ 的值是（　　　）.

　　A. $\dfrac{1}{2}$　　　　　　B. $\dfrac{\sqrt{2}}{2}$　　　　　C. $\dfrac{\sqrt{3}}{2}$　　　　D. 1

5. $2\sin30°\cos30°$ 的值是（　　　）.

　　A. $\dfrac{\sqrt{3}}{4}$　　　　　　B. $\dfrac{1}{2}$　　　　　C. $\dfrac{\sqrt{3}}{2}$　　　　D. 1

二、解答题

1. 计算：$\cos30°+\tan135°-\sin270°$.

2. 计算：$\sin\dfrac{\pi}{6}+\cos\dfrac{\pi}{3}+\tan\dfrac{\pi}{4}-\sin\dfrac{\pi}{2}$.

3. 计算：$\sin120°\cos150°+\cos30°\sin60°+\tan135°$.

4. 计算：$\sin^2 \dfrac{3\pi}{4} + 2\sin \dfrac{3\pi}{4} \cos \dfrac{\pi}{4} + \cos^2 \dfrac{\pi}{4}$.

5. 计算：$2\cos \dfrac{\pi}{6} + 2\sin \dfrac{2\pi}{3} \cos \dfrac{\pi}{3} - \sqrt{2} \cdot \dfrac{\cos \dfrac{\pi}{4}}{\tan \dfrac{\pi}{4}}$.

5.3 三角函数的基本公式

5.3.1 同角三角函数的基本关系

知识要点

同角三角函数的基本关系	平方关系	$\sin^2\alpha + \cos^2\alpha = 1$. 变形式： $\sin^2\alpha = 1 - \cos^2\alpha$； $\cos^2\alpha = 1 - \sin^2\alpha$
	商数关系	$\tan\alpha = \dfrac{\sin\alpha}{\cos\alpha}$. 变形式： $\sin\alpha = \tan\alpha\cos\alpha$； $\cos\alpha = \dfrac{\sin\alpha}{\tan\alpha}$

同步练习

一、选择题

1. 已知 $\sin\alpha=\dfrac{4}{5}$，且 α 是第二象限的角，则 $\cos\alpha=$（　　　）.

　A. $\dfrac{3}{5}$　　　　　B. $-\dfrac{3}{5}$　　　　　C. $\dfrac{3}{4}$　　　　　D. $-\dfrac{3}{4}$

2. 已知 $\cos\alpha=-\dfrac{5}{13}$，且 α 是第三象限的角，则 $\sin\alpha=$（　　　）.

　A. $\dfrac{5}{13}$　　　　　B. $\dfrac{12}{13}$　　　　　C. $-\dfrac{12}{13}$　　　　　D. $-\dfrac{12}{5}$

3. 已知 $\tan\alpha=-\dfrac{4}{3}$，且 α 是第四象限的角，则 $\cos\alpha=$（　　　）.

　A. $\dfrac{3}{5}$　　　　　B. $\dfrac{4}{5}$　　　　　C. $-\dfrac{3}{5}$　　　　　D. $-\dfrac{4}{5}$

4. 已知 $\cos\alpha=\dfrac{1}{3}$，则 $\sin^2\alpha-\cos^2\alpha=$（　　　）.

　A. -1　　　　　B. $-\dfrac{7}{9}$　　　　　C. 1　　　　　D. $\dfrac{7}{9}$

5. 已知角 α 是第三象限的角，则 $\sqrt{1+2\sin\alpha\cos\alpha}=$（　　　）.
　A. $\sin\alpha+\cos\alpha$　　　　　　　　　B. $\sin\alpha-\cos\alpha$
　C. $-\sin\alpha+\cos\alpha$　　　　　　　　D. $-\sin\alpha-\cos\alpha$

二、填空题

1. 已知 $\cos\alpha=\dfrac{3}{5}$，且 α 是第四象限的角，则 $\sin\alpha=$ _____，$\tan\alpha=$ _____.

2. 已知 $\tan\alpha=2$，那么 $\dfrac{\sin\alpha-\cos\alpha}{\sin\alpha+\cos\alpha}=$ _____.

3. 已知 $\tan\alpha=5$，那么 $\dfrac{\sin\alpha-4\cos\alpha}{2\sin\alpha-3\cos\alpha}=$ _____.

4. 已知 $\dfrac{\sin\alpha+\cos\alpha}{\sin\alpha-\cos\alpha}=3$，那么 $\tan\alpha=$ _____.

三、解答题

1. 已知 $\cos\alpha=-2\sin\alpha$，求 $\sin\alpha,\ \cos\alpha,\ \tan\alpha$ 的值.

2. 已知 $\tan\alpha = -\dfrac{3}{4}$，求值：

（1） $\dfrac{2\sin\alpha - 3\cos\alpha}{\sin\alpha + 2\cos\alpha}$ ；　　　　　　　　　（2） $\sin\alpha\cos\alpha$.

3. 已知 $\sin\alpha - \cos\alpha = -\dfrac{1}{2}$ ，求 $\sin\alpha + \cos\alpha$ 的值.

5.3.2　三角函数的诱导公式

知识要点

1. 诱导公式（一）（记忆方法：函数名不变，符号看象限）

三角函数的诱导公式（一）		$2k\pi + \alpha$（$k \in \mathbf{Z}$）	$-\alpha$	$\pi - \alpha$	$\pi + \alpha$	$2\pi - \alpha$
	sin	$\sin\alpha$	$-\sin\alpha$	$\sin\alpha$	$-\sin\alpha$	$-\sin\alpha$
	cos	$\cos\alpha$	$\cos\alpha$	$-\cos\alpha$	$-\cos\alpha$	$\cos\alpha$
	tan	$\tan\alpha$	$-\tan\alpha$	$-\tan\alpha$	$\tan\alpha$	$-\tan\alpha$
	cot	$\cot\alpha$	$-\cot\alpha$	$-\cot\alpha$	$\cot\alpha$	$-\cot\alpha$

2. 诱导公式（二）（记忆方法：函数名改变，符号看象限）

三角函数的诱导公式（二）		$\dfrac{\pi}{2} - \alpha$	$\dfrac{\pi}{2} + \alpha$	$\dfrac{3\pi}{2} - \alpha$	$\dfrac{3\pi}{2} + \alpha$
	sin	$\cos\alpha$	$\cos\alpha$	$-\cos\alpha$	$-\cos\alpha$
	cos	$\sin\alpha$	$-\sin\alpha$	$-\sin\alpha$	$\sin\alpha$
	tan	$\cot\alpha$	$-\cot\alpha$	$\cot\alpha$	$-\cot\alpha$
	cot	$\tan\alpha$	$-\tan\alpha$	$\tan\alpha$	$-\tan\alpha$

3. 求任意角的三角函数的一般步骤

利用诱导公式，可以把任意角的三角函数值转化为锐角的三角函数值，其过程一般可按以下步骤进行：

| 任意负角的三角函数值 | 转化为 → | 任意正角的三角函数值 | 转化为 → | 0～2π之间的三角函数值 | 转化为 → | 锐角的三角函数值 |

同步练习

一、选择题

1. $\sin(2\pi+x) = $（　　）.

　　A. $-\sin x$　　　　B. $\sin x$　　　　C. $-\cos x$　　　　D. $\cos x$

2. $\cos(\theta-\pi) = $（　　）.

　　A. $-\cos\theta$　　　B. $\cos\theta$　　　C. $-\sin\theta$　　　D. $\sin\theta$

3. $\sin\dfrac{16\pi}{3} = $（　　）.

　　A. $-\dfrac{1}{2}$　　　　B. $\dfrac{1}{2}$　　　　C. $-\dfrac{\sqrt{3}}{2}$　　　　D. $\dfrac{\sqrt{3}}{2}$

4. 已知 $\cos\alpha = \dfrac{4}{5}$，则 $\cos(-\alpha) = $（　　）.

　　A. $-\dfrac{4}{5}$　　　　B. $\dfrac{4}{5}$　　　　C. $-\dfrac{3}{5}$　　　　D. $\dfrac{3}{5}$

5. 下列各式不正确的是（　　）.

　　A. $\sin(\alpha+180°) = -\sin\alpha$　　　　　　B. $\cos(-\alpha+\beta) = -\cos(\alpha-\beta)$

　　C. $\sin(-\alpha-360°) = -\sin\alpha$　　　　　　D. $\cos(-\alpha-\beta) = \cos(\alpha+\beta)$

二、填空题

1. 计算：

（1）$\sin390° = $ _____ ；　　　　　（2）$\cos\left(-\dfrac{5\pi}{4}\right) = $ _____ ；

（3）$\tan\left(-\dfrac{7\pi}{6}\right) = $ _____ ；　　　　（4）$\cos\left(-\dfrac{\pi}{4}\right)\tan\left(-\dfrac{\pi}{6}\right) = $ _____ .

2. 化简：（1）$\sin(\alpha+5\pi) = $ _____ ；　　（2）$\sqrt{1-\sin^2 50°} = $ _____ .

3. 已知 $\sin\alpha = \dfrac{3}{5}$，则 $\cos\left(\dfrac{\pi}{2}+\alpha\right) = $ _____ .

4. 已知 $\tan(\pi+\alpha) = \dfrac{1}{3}$，则 $10\sin^2\alpha = $ _____ .

三、解答题

1. 已知 $\sin(\alpha + \pi) = \dfrac{3}{5}$，且 α 是第三象限的角，求 $\cos\alpha$，$\tan(\pi - \alpha)$ 的值.

2. 化简：$\dfrac{\sin(2\pi - \alpha)\tan(\alpha + \pi)\tan(-\alpha - \pi)}{\cos(\pi - \alpha)\tan(3\pi - \alpha)}$.

3. 化简：$\dfrac{\cos(\pi + \alpha)\sin(\pi - \alpha)\sin(\alpha - \pi)}{\cos(2\pi - \alpha)\cot\left(\dfrac{\pi}{2} + \alpha\right)\cos\left(\dfrac{\pi}{2} - \alpha\right)}$.

5.4 正弦、余弦函数的图像和性质

5.4.1 正弦函数 $y=\sin x$ 的图像和性质

知识要点

正弦函数	表达式	$y=\sin x$	
	图像		
	性质	定义域	**R**
		值域	$[-1,1]$
		最值	当 $x=\dfrac{\pi}{2}+2k\pi$，$k\in\mathbf{Z}$ 时，$y_{\max}=1$； 当 $x=-\dfrac{\pi}{2}+2k\pi$，$k\in\mathbf{Z}$ 时，$y_{\min}=-1$
		单调性	当 $x\in\left[-\dfrac{\pi}{2}+2k\pi,\dfrac{\pi}{2}+2k\pi\right]$（$k\in\mathbf{Z}$）时，$y=\sin x$ 是增函数； 当 $x\in\left[\dfrac{\pi}{2}+2k\pi,\dfrac{3\pi}{2}+2k\pi\right]$（$k\in\mathbf{Z}$）时，$y=\sin x$ 是减函数
		最小正周期	$T=2\pi$
		奇偶性	奇函数

同步练习

一、选择题

1. 函数 $y=\sin x$ 的值域和最小正周期分别是（　　）.
   A．$[-1,1]$，π 　　　　　　　　B．$[-1,1]$，2π
   C．$(-\infty,+\infty)$，π 　　　　　D．$(-\infty,+\infty)$，2π

2. 若 $\dfrac{\pi}{2}<\alpha<\beta<\dfrac{3\pi}{2}$，则一定有（　　）.
   A．$\sin\alpha<\sin\beta$ 　　　　　　B．$\sin\alpha>\sin\beta$
   C．$-\sin\alpha<\sin\beta$ 　　　　　D．$\sin\alpha<-\sin\beta$

3. 若 $y=\sin x$ 为减函数，则角 x 的终边在第（　　）象限.
   A．一或二　　　B．二或三　　　C．三或四　　　D．一或四

4. 函数 $y=|\sin x|$ 是（　　）.
   A．奇函数 　　　　　　　　　　　B．偶函数

C．非奇非偶函数　　　　　　　D．既是奇函数又是偶函数

5．若 $0 < x < 2\pi$ ，且 $\sin x < 0$ ，则 x 的取值范围是（　　）．

A．$\left(0, \dfrac{\pi}{2}\right)$　　　B．$\left(\dfrac{\pi}{2}, \pi\right)$　　　C．$\left(\dfrac{\pi}{2}, \dfrac{3\pi}{2}\right)$　　　D．$(\pi, 2\pi)$

二、填空题

1．比较大小（用"＞""＜"或"＝"填空）：

（1）　$\sin\dfrac{\pi}{3}$＿＿＿＿＿$\sin\dfrac{\pi}{6}$ ；　　　　（2）　$\sin\dfrac{\pi}{4}$＿＿＿＿＿$\sin\dfrac{3\pi}{4}$ ；

（3）　$\sin\dfrac{2\pi}{3}$＿＿＿＿＿$\sin\dfrac{5\pi}{6}$ ；　　　　（4）　$\sin\dfrac{\pi}{2}$＿＿＿＿＿$\sin\dfrac{5\pi}{6}$ ．

2．比较大小（用"＞""＜"或"＝"填空）：

（1）　$\sin\dfrac{\pi}{3}$＿＿＿＿＿$\sin\dfrac{7\pi}{6}$ ；　　　　（2）　$\sin\dfrac{3\pi}{4}$＿＿＿＿＿$\sin\dfrac{3\pi}{2}$ ；

（3）　$\sin\dfrac{2\pi}{3}$＿＿＿＿＿$\sin\dfrac{5\pi}{3}$ ；　　　　（4）　$\sin\left(-\dfrac{\pi}{4}\right)$＿＿＿＿＿$\sin\left(-\dfrac{7\pi}{4}\right)$ ．

3．函数 $y = 4 + 5\sin x$ 的值域是＿＿＿＿＿＿＿．

4．已知函数 $y = a - \dfrac{1}{2}\sin x$ 的最大值是 $\dfrac{5}{4}$ ，则 $a = $＿＿＿＿＿＿＿．

三、解答题

1．求函数 $y = 1 - 2\sin x$ 的最大值、最小值和最小正周期．

2．当 a 在何范围取值时，$\sin x = 3 + \dfrac{2}{5}a$ 有意义？

3. 已知函数 $y = a\sin x - b$（$a > 0$）的最大值为 $\dfrac{3}{4}$，最小值为 $-\dfrac{1}{4}$，求 a，b 的值.

5.4.2　余弦函数 $y=\cos x$ 的图像和性质

知识要点

	表达式	$y = \cos x$
余弦函数	图像	
		定义域	**R**
	性质	值域	$[-1,1]$

定义域	**R**	
值域	$[-1,1]$	
最值	当 $x = 2k\pi$，$k \in \mathbf{Z}$ 时，$y_{\max} = 1$；当 $x = (2k+1)\pi$，$k \in \mathbf{Z}$ 时，$y_{\min} = -1$	
单调性	当 $x \in \left[(2k-1)\pi, 2k\pi\right]$（$k \in \mathbf{Z}$）时，$y = \cos x$ 是增函数；当 $x \in \left[2k\pi,(2k+1)\pi\right]$（$k \in \mathbf{Z}$）时，$y = \cos x$ 是减函数	
最小正周期	$T = 2\pi$	
奇偶性	偶函数	

同步练习

一、选择题

1. 函数 $y = \cos x$ 的值域和最小正周期是（　　）.
　A. $[-1,1]$，π　　　　　　　　B. $[-1,1]$，2π
　C. $(-\infty,+\infty)$，π　　　　　D. $(-\infty,+\infty)$，2π

2．若 $\pi < \alpha < \beta < 2\pi$，则有（　　）．

  A．$\sin\alpha < \sin\beta$ B．$\cos\alpha > \cos\beta$

  C．$\sin\alpha > \sin\beta$ D．$\cos\alpha < \cos\beta$

3．若 $y = \sin x$ 为增函数，$y = \cos x$ 为减函数，则角 x 的终边在第（　　）象限．

  A．一   B．二   C．三   D．四

4．函数 $y = \cos x - |x|$ 是（　　）．

  A．奇函数   B．偶函数

  C．非奇非偶函数   D．既是奇函数又是偶函数

5．函数 $y = 1 + \cos x$ 取最大值时，x 应满足（　　）．

  A．$x = -\dfrac{\pi}{2} + 2k\pi$，$k \in \mathbf{Z}$ B．$x = \dfrac{\pi}{2} + 2k\pi$，$k \in \mathbf{Z}$

  C．$x = 2k\pi$，$k \in \mathbf{Z}$ D．$x = (2k+1)\pi$，$k \in \mathbf{Z}$

二、填空题

1．比较大小（用 "＞" "＜" 或 "＝" 填空）：

（1）$\cos\dfrac{\pi}{3}$ ＿＿＿＿＿ $\cos\dfrac{\pi}{6}$；   （2）$\cos\dfrac{\pi}{4}$ ＿＿＿＿＿ $\cos\dfrac{5\pi}{6}$；

（3）$\cos\left(-\dfrac{\pi}{3}\right)$ ＿＿＿＿＿ $\cos\dfrac{3\pi}{4}$；   （4）$\cos\left(-\dfrac{4\pi}{5}\right)$ ＿＿＿＿＿ $\cos\dfrac{5\pi}{3}$．

2．比较大小（用 "＞" "＜" 或 "＝" 填空）：

（1）$\sin\dfrac{\pi}{3}$ ＿＿＿＿＿ $\cos\dfrac{\pi}{3}$；   （2）$\sin\dfrac{3\pi}{4}$ ＿＿＿＿＿ $\cos\left(-\dfrac{\pi}{4}\right)$；

（3）$\cos\dfrac{11\pi}{6}$ ＿＿＿＿＿ $\sin\dfrac{11\pi}{6}$；   （4）$\cos\left(-\dfrac{3\pi}{5}\right)$ ＿＿＿＿＿ $\sin\left(-\dfrac{7\pi}{4}\right)$．

3．函数 $y = 2 + \cos x$ 的值域是＿＿＿＿＿＿．

4．已知函数 $y = \dfrac{1}{4}\cos x - a$ 的最小值是 $-\dfrac{3}{4}$，则 $a =$＿＿＿＿＿＿．

三、解答题

1．求函数 $y = 7 - 8\cos x$ 的最大值、最小值和最小正周期．

2. 当 a 在何范围取值时，$\cos x = a^2 - 1$ 有意义？

3. 已知函数 $y = a - b\cos x$（$b > 0$）的最大值为 $\dfrac{3}{2}$，最小值为 $-\dfrac{1}{2}$，求 a，b 的值.

5.4.3　正弦型函数 $y = A\sin(\omega x + \varphi)$ 的图像和性质

知识要点

正弦型函数	表达式	$y = A\sin(\omega x + \varphi)$（$A \neq 0$）	
	性质	定义域	**R**
		值域	$[-|A|,\ |A|]$
		最值	$y_{\max} = |A|$，$y_{\min} = -|A|$
		最小正周期	$T = \dfrac{2\pi}{|\omega|}$
	平移过程	（1）$y = A\sin\omega x \xrightarrow[\ \ \ \ \ \ \ \ \ \ \ ]{\frac{\varphi}{\omega}>0,\ 图像向左平移\frac{\varphi}{\omega}个单位} y = A\sin(\omega x + \varphi)$；	
		（2）$y = A\sin\omega x \xrightarrow[\ \ \ \ \ \ \ \ \ \ \ ]{\frac{\varphi}{\omega}<0,\ 图像向右平移\left|\frac{\varphi}{\omega}\right|个单位} y = A\sin(\omega x + \varphi)$	

同步练习

一、选择题

1. 函数 $y = 2\sin 4x$ 的最小正周期是（　　）.

    A. $\dfrac{\pi}{4}$ B. $\dfrac{\pi}{2}$ C. π D. 4π

2. 函数 $y = 3\sin\left(2x + \dfrac{\pi}{3}\right)$ 的最小正周期和最小值分别是（　　）.

    A. $\dfrac{\pi}{4}$ 和 -2 B. $\dfrac{\pi}{2}$ 和 -3 C. π 和 2 D. π 和 -3

3. 函数 $y = -4\sin\left(\dfrac{1}{2}x + \dfrac{\pi}{6}\right) + 5$ 的最小正周期和最大值分别是（　　）.

    A. π 和 1 B. π 和 9 C. 4π 和 1 D. 4π 和 9

4. 下列函数中，最小正周期为 π 的函数是（　　）.

    A. $y = \sin\dfrac{1}{2}x$ B. $y = \sin x$ C. $y = \sin 2x$ D. $y = \sin 4x$

5. 如果函数 $y = \sin\left(\omega x + \dfrac{\pi}{3}\right)$ （$\omega > 0$）的最小正周期为 $\dfrac{\pi}{2}$，则 ω 的值为（　　）.

    A. 1 B. 2 C. 4 D. 8

二、填空题

1. 函数 $y = \sin\left(2x - \dfrac{\pi}{3}\right)$ 的图像是由 $y = \sin 2x$ 的图像向_____平移_____个单位得到的.

2. 函数 $y = \sin\left(\dfrac{1}{2}x + \dfrac{\pi}{6}\right)$ 的图像是由 $y = \sin\dfrac{1}{2}x$ 的图像向_____平移_____个单位得到的.

3. 函数 $y = \sqrt{2}\sin\left(3x - \dfrac{5\pi}{6}\right)$ 的图像是由 $y = \sqrt{2}\sin 3x$ 的图像向_____平移_____个单位得到的.

4. 函数 $y = -4\sin\left(\dfrac{2}{3}x + \dfrac{\pi}{12}\right)$ 的图像是由 $y = -4\sin\dfrac{2}{3}x$ 的图像向_____平移_____个单位得到的.

三、解答题

1. 求函数 $y = \sin 2x$ 的增区间.

2. 求函数 $y = \dfrac{1}{2}\sin\left(x - \dfrac{\pi}{3}\right)$ 的增区间.

3. 求函数 $y = \sqrt{3}\sin\left(\dfrac{\pi}{4} - \dfrac{1}{2}x\right) + 5$ 的减区间.

5.5　已知三角函数值求指定范围的角

知识要点

已知特殊角的三角函数值求角	方法	一般地，已知 $|a| \leqslant 1$，$\sin x = a$（或 $\cos x = a$），欲求 x 在指定范围内的角，可以先确定角 x 所在的象限，然后求出一个满足 $\sin x = |a|$（或 $\cos x = |a|$）的锐角，最后由有关的诱导公式，求得符合条件的所有角

同步练习

一、选择题

1. 已知 $\sin \alpha = \dfrac{1}{2}$，且 $\alpha \in \left[0, \dfrac{\pi}{2}\right]$，则 α 的值是（　　）.

　A. $\dfrac{\pi}{3}$ 　　　　　B. $\dfrac{\pi}{4}$ 　　　　　C. $\dfrac{\pi}{6}$ 　　　　　D. $\dfrac{\pi}{2}$

2. 已知 $\cos \alpha = \dfrac{\sqrt{3}}{2}$，且 $\alpha \in \left[0, \dfrac{\pi}{2}\right]$，则 α 的值是（　　）.

　A. $\dfrac{\pi}{3}$ 　　　　　B. $\dfrac{\pi}{4}$ 　　　　　C. $\dfrac{\pi}{6}$ 　　　　　D. $\dfrac{\pi}{2}$

3. 已知 $\sin \alpha = \dfrac{\sqrt{2}}{2}$，且 $\alpha \in [0, \pi]$，则 α 的值是（　　）.

　A. $\dfrac{\pi}{3}$ 　　　　　B. $\dfrac{\pi}{6}$ 　　　　　C. $\dfrac{\pi}{2}$ 　　　　　D. $\dfrac{3\pi}{4}$

4. 已知 $\cos \alpha = -\dfrac{1}{2}$，且 $\alpha \in [0, \pi]$，则 α 的值是（　　）.

　A. $\dfrac{\pi}{3}$ 　　　　　B. $\dfrac{\pi}{6}$ 　　　　　C. $\dfrac{2\pi}{3}$ 　　　　　D. $\dfrac{5\pi}{6}$

5. 已知 $\tan \alpha = -1$，且 $\alpha \in [0, \pi]$，则 α 的值是（　　）.

　A. $\dfrac{\pi}{3}$ 　　　　　B. $\dfrac{\pi}{4}$ 　　　　　C. $\dfrac{3\pi}{4}$ 　　　　　D. $\dfrac{5\pi}{6}$

二、填空题

1. 已知 $\sin \alpha = \dfrac{1}{2}$，且 $\alpha \in (0, 2\pi)$，则 $\alpha = $ _____.

2. 已知 $\cos \alpha = \dfrac{\sqrt{2}}{2}$，且 $\alpha \in (0, 2\pi)$，则 $\alpha = $ _____.

3. 已知 $\cos \beta = -\dfrac{\sqrt{3}}{2}$，且 $\beta \in (0, 2\pi)$，则 $\beta = $ _____.

4. 已知 $\tan \beta = -\sqrt{3}$，且 $\beta \in (0, 2\pi)$，则 $\beta = $ _____.

三、解答题

1. 已知 $2\cos x + \sqrt{3} = 2\sqrt{3}$，且 $x \in [0, 2\pi]$，求 x 的值.

2. 已知 $\sqrt{2}\sin x + 1 = 0$，且 $x \in [0, 2\pi]$，求 x 的值.

3. 已知 $4\cos^2 x = 1$，且 $x \in [0, 2\pi]$，求 x 的值.

5.6 和（差）角公式

5.6.1 两角和与差的余弦

知识要点

两角和与差的余弦	公式	$\cos(\alpha+\beta)=\cos\alpha\cos\beta-\sin\alpha\sin\beta$
		$\cos(\alpha-\beta)=\cos\alpha\cos\beta+\sin\alpha\sin\beta$

同步练习

一、选择题

1. 计算：$\cos15°$ 的值是（　　）.

    A. $\dfrac{\sqrt{6}-\sqrt{2}}{4}$ B. $\dfrac{\sqrt{6}+\sqrt{2}}{4}$

    C. $\dfrac{-\sqrt{6}-\sqrt{2}}{4}$ D. $\dfrac{\sqrt{2}-\sqrt{6}}{4}$

2. 计算：$\cos75°$ 的值是（　　）.

    A. $\dfrac{\sqrt{6}-\sqrt{2}}{4}$ B. $\dfrac{\sqrt{6}+\sqrt{2}}{4}$

    C. $\dfrac{-\sqrt{6}-\sqrt{2}}{4}$ D. $\dfrac{\sqrt{2}-\sqrt{6}}{4}$

3. 计算：$\cos105°$ 的值是（　　）.

    A. $\dfrac{\sqrt{6}-\sqrt{2}}{4}$ B. $\dfrac{\sqrt{6}+\sqrt{2}}{4}$

    C. $\dfrac{-\sqrt{6}-\sqrt{2}}{4}$ D. $\dfrac{\sqrt{2}-\sqrt{6}}{4}$

4. 化简：$\cos(\alpha+\beta)+\cos(\beta-\alpha)$ 的结果是（　　）.

    A. $2\cos\alpha\cos\beta$ B. $2\sin\alpha\cos\beta$ C. $2\sin\alpha\sin\beta$ D. $-2\cos\alpha\sin\beta$

5. 若 $\alpha\in\left(\pi,\dfrac{3\pi}{2}\right)$，且 $\sin\alpha=-\dfrac{3}{5}$，则 $\cos\left(\alpha-\dfrac{\pi}{6}\right)$ 的值是（　　）.

    A. $\dfrac{3-4\sqrt{3}}{10}$ B. $\dfrac{3+4\sqrt{3}}{10}$ C. $\dfrac{4\sqrt{3}-3}{10}$ D. $\dfrac{-4\sqrt{3}-3}{10}$

二、填空题

1. 已知 $\alpha\in\left(\dfrac{\pi}{2},\pi\right)$，且 $\cos\alpha=-\dfrac{5}{13}$，则 $\cos\left(\dfrac{\pi}{4}+\alpha\right)=$ _____.

2. 已知 $\alpha \in \left(\dfrac{3\pi}{2}, 2\pi \right)$，且 $\cos\alpha = \dfrac{3}{5}$，则 $\cos\left(\dfrac{\pi}{3} - \alpha \right) =$ _____.

3. 已知 $\alpha, \beta \in \left(0, \dfrac{\pi}{2} \right)$，且 $\sin\alpha = \dfrac{3}{5}$，$\cos\beta = \dfrac{12}{13}$，则 $\cos(\alpha + \beta) =$ _____.

4. 计算：$\cos75°\cos15° + \sin75°\sin15° =$ _____.

三、解答题

1. 已知 $\alpha \in \left(\dfrac{\pi}{2}, \pi \right)$，且 $\cos(\pi - \alpha) = \dfrac{3}{5}$，求 $\cos\left(\alpha + \dfrac{3\pi}{4} \right)$ 的值.

2. 证明：$\cos\alpha + \sin\alpha = \sqrt{2}\cos(\alpha - 45°)$.

3. 已知 $\angle A$，$\angle B$，$\angle C$ 分别为 $\triangle ABC$ 的三个内角，且 $\cos A = -\dfrac{3}{5}$，$\cos B = \dfrac{12}{13}$，求 $\cos C$ 的值.

5.6.2 两角和与差的正弦

知识要点

两角和与差的正弦	公式	$\sin(\alpha+\beta)=\sin\alpha\cos\beta+\cos\alpha\sin\beta$ $\sin(\alpha-\beta)=\sin\alpha\cos\beta-\cos\alpha\sin\beta$

同步练习

一、选择题

1. 计算：$\sin15°$ 的值是（　　）.

   A. $\dfrac{\sqrt6-\sqrt2}{4}$　　B. $\dfrac{\sqrt6+\sqrt2}{4}$　　C. $\dfrac{-\sqrt6-\sqrt2}{4}$　　D. $\dfrac{\sqrt2-\sqrt6}{4}$

2. 计算：$\sin75°$ 的值是（　　）.

   A. $\dfrac{\sqrt6-\sqrt2}{4}$　　B. $\dfrac{\sqrt6+\sqrt2}{4}$　　C. $\dfrac{-\sqrt6-\sqrt2}{4}$　　D. $\dfrac{\sqrt2-\sqrt6}{4}$

3. 计算：$\sin105°$ 的值是（　　）.

   A. $\dfrac{\sqrt6-\sqrt2}{4}$　　B. $\dfrac{\sqrt6+\sqrt2}{4}$　　C. $\dfrac{-\sqrt6-\sqrt2}{4}$　　D. $\dfrac{\sqrt2-\sqrt6}{4}$

4. 化简：$\sin(\alpha+\beta)-\sin(\alpha-\beta)$ 的结果是（　　）.

   A. 0　　B. $2\sin\alpha\cos\beta$　　C. $2\cos\alpha\sin\beta$　　D. $2\cos\alpha\cos\beta$

5. 若 $\alpha \in \left(0, \dfrac{\pi}{2}\right)$，且 $\sin\alpha = \dfrac{3}{5}$，则 $\sin\left(\alpha + \dfrac{\pi}{4}\right)$ 的值是（　　）．

　A. $\sqrt{2}$　　　　B. $-\dfrac{\sqrt{2}}{10}$　　　　C. $\dfrac{7\sqrt{2}}{10}$　　　　D. $\dfrac{\sqrt{2}}{5}$

二、填空题

1. 已知 $\alpha \in \left(\dfrac{\pi}{2}, \pi\right)$，且 $\sin\alpha = \dfrac{12}{13}$，则 $\sin\left(\dfrac{\pi}{4} - \alpha\right) = $ _____．

2. 已知 $\alpha \in \left(\dfrac{3\pi}{2}, 2\pi\right)$，且 $\cos\alpha = \dfrac{3}{5}$，则 $\sin\left(\alpha - \dfrac{\pi}{3}\right) = $ _____．

3. 已知 α，$\beta \in \left(\dfrac{\pi}{2}, \pi\right)$，且 $\sin\alpha = \dfrac{3}{5}$，$\cos\beta = -\dfrac{12}{13}$，则 $\sin(\alpha + \beta) = $ _____．

4. 计算：$\sin75°\cos60° + \cos75°\sin60° = $ _____．

三、解答题

1. 已知 $\alpha \in \left(\pi, \dfrac{3\pi}{2}\right)$，且 $\sin(2\pi - \alpha) = \dfrac{3}{5}$，求 $\sin\left(\alpha + \dfrac{5\pi}{6}\right)$ 的值．

2. 已知 $\alpha \in \left(\dfrac{3\pi}{2}, 2\pi\right)$，且 $\sin(\pi + \alpha) = \dfrac{3}{5}$，求 $\sin\left(\alpha + \dfrac{\pi}{3}\right) - \cos\left(\alpha + \dfrac{\pi}{6}\right)$ 的值．

3. 已知 $\sin\alpha = \dfrac{15}{17}$ ，$\cos(\alpha + \beta) = -\dfrac{3}{5}$ ，且 α，β 均为锐角，求 $\sin\beta$ 的值．

5.6.3 两角和与差的正切

知识要点

两角和与差的正切	公式	$\tan(\alpha + \beta) = \dfrac{\tan\alpha + \tan\beta}{1 - \tan\alpha\tan\beta}$ （ α，$\beta \neq k\pi + \dfrac{\pi}{2}$，$k \in \mathbf{Z}$ ）
		$\tan(\alpha - \beta) = \dfrac{\tan\alpha - \tan\beta}{1 + \tan\alpha\tan\beta}$ （ α，$\beta \neq k\pi + \dfrac{\pi}{2}$，$k \in \mathbf{Z}$ ）

同步练习

一、选择题

1. 计算：$\tan 15°$ 的值是（ ）．
   A. $2\sqrt{3}$ 　　　　B. $2 - \sqrt{3}$ 　　　　C. $2 + \sqrt{3}$ 　　　　D. $-2 - \sqrt{3}$

2. 计算：$\tan 75°$ 的值是（ ）．
   A. $2\sqrt{3}$ 　　　　B. $2 - \sqrt{3}$ 　　　　C. $2 + \sqrt{3}$ 　　　　D. $-2 - \sqrt{3}$

3. 计算：$\tan 105°$ 的值是（ ）．
   A. $2\sqrt{3}$ 　　　　B. $2 - \sqrt{3}$ 　　　　C. $2 + \sqrt{3}$ 　　　　D. $-2 - \sqrt{3}$

4. 已知 $\tan\alpha = 2$，$\tan\beta = \dfrac{1}{5}$，则 $\tan(\alpha - \beta)$ 的值是（ ）．
   A. $\dfrac{9}{7}$ 　　　　B. $\dfrac{11}{5}$ 　　　　C. $\dfrac{7}{9}$ 　　　　D. $-\dfrac{9}{7}$

5. 若 $\alpha \in \left(\pi, \dfrac{3\pi}{2}\right)$，且 $\sin\alpha = -\dfrac{3}{5}$，则 $\tan\left(\alpha - \dfrac{\pi}{4}\right)$ 的值是（ ）．
   A. $-\dfrac{1}{7}$ 　　　　B. 7 　　　　C. $-\dfrac{\sqrt{2}}{10}$ 　　　　D. $-\dfrac{7\sqrt{2}}{10}$

二、填空题

1. 求值：$\dfrac{1+\tan 15°}{1-\tan 15°}=$ _____．

2. 求值：$\dfrac{\sqrt{3}-\tan 15°}{1+\sqrt{3}\tan 15°}=$ _____．

3. 若 α 是第二象限的角，且 $\cos\alpha=-\dfrac{4}{5}$，则 $\tan\left(\alpha+\dfrac{\pi}{4}\right)=$ _____．

4. 已知 $\alpha+\beta=\dfrac{\pi}{4}$，则 $(1+\tan\alpha)(1+\tan\beta)=$ _____．

三、解答题

1. 已知 $\sin\alpha=\dfrac{5}{13}$，$\alpha\in\left(\dfrac{\pi}{2},\pi\right)$，$\cos\beta=-\dfrac{3}{5}$，$\beta\in\left(\pi,\dfrac{3\pi}{2}\right)$，求 $\tan(\alpha+\beta)$ 的值．

2. 已知 $\sin\alpha=-\dfrac{12}{13}$，$\alpha\in\left(\pi,\dfrac{3\pi}{2}\right)$，$\cos\beta=\dfrac{3}{5}$，$\beta\in\left(0,\dfrac{\pi}{2}\right)$，求 $\tan(\alpha+\beta)$ 的值．

3．已知 $\tan\alpha$，$\tan\beta$ 是方程 $x^2-(1+\sqrt{3})x+\sqrt{3}=0$ 的两个实根，求 $\tan(\alpha+\beta)$ 的值．

5.7 二倍角公式

知识要点

二倍角公式	正弦	$\sin2\alpha=2\sin\alpha\cos\alpha$
	余弦	（1）$\cos2\alpha=\cos^2\alpha-\sin^2\alpha$． （2）$\cos2\alpha=2\cos^2\alpha-1$，变形式：$\cos^2\alpha=\dfrac{1+\cos2\alpha}{2}$． （3）$\cos2\alpha=1-2\sin^2\alpha$，变形式：$\sin^2\alpha=\dfrac{1-\cos2\alpha}{2}$
	正切	$\tan2\alpha=\dfrac{2\tan\alpha}{1-\tan2\alpha}$（$\alpha,2\alpha\neq k\pi+\dfrac{\pi}{2}$，$k\in\mathbf{Z}$）

同步练习

一、选择题

1．已知 $\sin\alpha=-\dfrac{4}{5}$，$\alpha\in\left(\pi,\dfrac{3\pi}{2}\right)$，则 $\sin2\alpha$ 的值是（　　）．

A．$\dfrac{24}{25}$ 　　　　 B．$-\dfrac{24}{25}$ 　　　　 C．$-\dfrac{8}{5}$ 　　　　 D．$\dfrac{7}{5}$

2．计算：$2\sin60°\cos60°$ 的值是（　　）．

A．$\dfrac{\sqrt{3}}{4}$ 　　　　 B．$\dfrac{1}{2}$ 　　　　 C．$\dfrac{\sqrt{3}}{2}$ 　　　　 D．1

3．计算：$1 - 2\sin^2 \dfrac{5\pi}{12}$ 的值是（　　　）．

　　A．$\dfrac{1}{2}$　　　　　　B．$\dfrac{\sqrt{3}}{2}$　　　　　　C．$-\dfrac{1}{2}$　　　　　　D．$-\dfrac{\sqrt{3}}{2}$

4．计算：$\dfrac{\tan 15°}{1 - \tan^2 15°}$ 的值是（　　　）．

　　A．$\dfrac{\sqrt{3}}{3}$　　　　　　B．$\sqrt{3}$　　　　　　C．$\dfrac{\sqrt{3}}{6}$　　　　　　D．$\dfrac{\sqrt{3}}{4}$

5．化简：$\cos^4 \alpha - \sin^4 \alpha$ 的结果是（　　　）．

　　A．$\sin 2\alpha$　　　　　　B．$\cos \alpha$　　　　　　C．1　　　　　　D．$\cos 2\alpha$

二、填空题

1．已知 $\alpha \in \left(\dfrac{\pi}{2}, \pi \right)$，且 $\cos \alpha = -\dfrac{1}{3}$，则 $\tan 2\alpha = $ _____．

2．已知 $\alpha \in \left(\dfrac{3\pi}{2}, 2\pi \right)$，且 $\tan \alpha = -\dfrac{3}{4}$，则 $\cos 2\alpha = $ _____．

3．已知 $\sin \alpha + \cos \alpha = \sqrt{2}$，则 $\sin 2\alpha = $ _____．

4．计算：$\cos^2 \dfrac{3\pi}{8} = $ _____．

三、解答题

1．已知 $\cos(\pi - \alpha) = \dfrac{2}{7}$，求 $\cos 2\alpha$ 的值．

2．已知 $\cos 2\alpha = \dfrac{5}{13}$，求 $\sin 2\alpha$，$\tan 2\alpha$ 的值．

3. 化简：$\dfrac{1}{\sin10°}-\dfrac{\sqrt{3}}{\cos10°}$.

5.8 解 三 角 形

5.8.1 正弦定理

知识要点

1. 直角三角形中的边角关系

	如图 1 所示，直角三角形 ABC 中，$\angle C=90°$，则	
直角三角形	（1）勾股定理：$c^2=a^2+b^2$. （2）边角关系： $\sin A=\cos B=\dfrac{a}{c}$， $\cos A=\sin B=\dfrac{b}{c}$， $\tan A=\cot B=\dfrac{a}{b}$， $\cot A=\tan B=\dfrac{b}{a}$. （3）面积公式：$S=\dfrac{1}{2}ab=\dfrac{1}{2}ch$	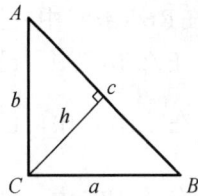 图 1

2. 正弦定理

正弦定理	定理	如图2所示，在△ABC中，则有 正弦定理：$\dfrac{a}{\sin A}=\dfrac{b}{\sin B}=\dfrac{c}{\sin C}$	
	适用情况	正弦定理适用于下面两种情况： （1）已知两角和一边，解三角形； （2）已知两边及其中一边的对角，解三角形	
	面积公式	（1）$S_{\triangle ABC}=\dfrac{1}{2}ab\sin C=\dfrac{1}{2}bc\sin A=\dfrac{1}{2}ac\sin B$； （2）$S_{\triangle ABC}=\dfrac{1}{2}底\times高$	图2

同步练习

一、选择题

1. 在直角△ABC中，下列说法错误的是（　　　）.

A．$\cos A=\dfrac{对边}{斜边}$　　　　　　　　　　B．直角对应的边最长

C．30°的角对应的边长是斜边的一半　D．$\angle A+\angle B+\angle C=180°$

2. 在△ABC中，已知$c=12$，$\angle C=120°$，$\angle B=30°$，则b的值是（　　　）.

A．$2\sqrt{3}$　　　　　B．$4\sqrt{3}$　　　　　C．$6\sqrt{3}$　　　　　D．$8\sqrt{3}$

3. 在△ABC中，已知$a=\sqrt{2}$，$c=2$，$\angle A=30°$，则$\angle C$的值是（　　　）.

A．15°　　　　　　B．45°　　　　　　C．15°或105°　　　D．45°或135°

4. 在△ABC中，已知$\angle A:\angle B:\angle C=1:2:3$，则$a:b:c$的值是（　　　）.

A．$1:2:3$　　　B．$3:2:1$　　　C．$1:\sqrt{3}:2$　　　D．$2:\sqrt{3}:1$

5. 在△ABC中，已知$a=3$，$b=6$，$\angle C=120°$，则$S_{\triangle ABC}$的值是（　　　）.

A．$3\sqrt{3}$　　　　　B．$9\sqrt{3}$　　　　　C．$\dfrac{3\sqrt{3}}{2}$　　　　　D．$\dfrac{9\sqrt{3}}{2}$

二、填空题

1. 在Rt△ABC中，已知$a=3\sqrt{3}$，$b=3$，$\angle C=90°$，则$\angle A=$_____，$\angle B=$_____.

2. 在△ABC中，已知$a=\sqrt{2}$，$b=\sqrt{3}$，$\angle B=60°$，则$\angle A=$_____.

3. 在△ABC中，已知$a=8$，$b=6$，$\cos B=\dfrac{\sqrt{3}}{2}$，则$\sin A=$_____.

4. 在△ABC中，已知$AB=3$，$BC=\sqrt{13}$，$\cos B=\dfrac{1}{3}$，则$S_{\triangle ABC}=$_____.

三、解答题

1. 在△ABC中，已知$\angle B=120°$，$AB=2$，$AC=2\sqrt{3}$，求$S_{\triangle ABC}$.

2. 已知锐角 $\triangle ABC$ 的面积为 $5\sqrt{3}$，$AB=5$，$AC=4$，求 $\angle A$.

3. 在 $\triangle ABC$ 中，已知 $a=6$，$b=4$，$\angle C$ 为锐角，且 $\cos C$ 是方程 $4x^2-1=0$ 的一个根，求该三角形的面积.

5.8.2 余弦定理

知识要点

余弦定理	定理	在 $\triangle ABC$ 中，如图所示，则有 （1）$a^2 = b^2 + c^2 - 2bc\cos A$. （2）$b^2 = a^2 + c^2 - 2ac\cos B$. （3）$c^2 = a^2 + b^2 - 2ab\cos C$	
	变形式	（1）$\cos A = \dfrac{b^2 + c^2 - a^2}{2bc}$. （2）$\cos B = \dfrac{a^2 + c^2 - b^2}{2ac}$. （3）$\cos C = \dfrac{a^2 + b^2 - c^2}{2ab}$	
	适用情况	余弦定理适用于下面两种情况： （1）已知两边和夹角，解三角形. （2）已知三边，解三角形	

同步练习

一、选择题

1. 在 $\triangle ABC$ 中，已知 $b=8$，$c=6$，$\angle A=60°$，则 a 的值是（　　）.

    A. $2\sqrt{13}$ B. 10   C. $100 - 48\sqrt{3}$ D. $\sqrt{100 - 48\sqrt{3}}$

2. 在 $\triangle ABC$ 中，已知 $a=10$，$c=5$，$\angle B = 30°$，则 b 的值是（　　）.

    A. 75   B. $5\sqrt{3}$ C. $125 - 50\sqrt{3}$ D. $5\sqrt{5 - 2\sqrt{3}}$

3. 在 $\triangle ABC$ 中，已知 $a=6$，$b=3$，$\angle C = 120°$，则 c 的值是（　　）.

    A. 63   B. $3\sqrt{7}$ C. $3\sqrt{3}$ D. $3\sqrt{5 + 2\sqrt{3}}$

4. 在 $\triangle ABC$ 中，已知 $a=3$，$b=5$，$c=7$，则 $\angle C$ 的值是（　　）.

    A. 30°   B. 60°   C. 120°   D. 150°

5. 在 $\triangle ABC$ 中，已知 $a=6$，$b=5$，$c=8$，则 $\triangle ABC$ 为（　　）.

    A. 锐角三角形   B. 钝角三角形   C. 直角三角形   D. 以上都可能

二、填空题

1. 在 $Rt\triangle ABC$ 中，已知 $\angle C = 90°$，若 $\cos A = \dfrac{3}{4}$，$AB=16$，则 $AC=$＿＿＿＿＿＿，$BC=$＿＿＿＿＿＿.

2. 在 $\triangle ABC$ 中，已知 $a=3$，$b=4$，$c=5$，则 $\cos A =$＿＿＿＿＿＿.

3. 在 $\triangle ABC$ 中，已知 $a=8$，$b=10$，$c=5$，则 $\triangle ABC$ 的最大角的余弦值为＿＿＿＿＿＿.

4. 在 $\triangle ABC$ 中，已知 $a=9$，$b=10$，$c=12$，则 $\triangle ABC$ 的形状是＿＿＿＿＿＿.

三、解答题

1. 在 $\triangle ABC$ 中，已知 $\cos A = \dfrac{5}{13}$，$\cos B = \dfrac{3}{5}$，求 $\cos C$ 的值.

2. 已知锐角 $\triangle ABC$ 的面积为 $5\sqrt{3}$，$AB=5$，$AC=4$，求边 BC 的长.

3. 在某城市规划中，要建造一个四边形公园，如图 5-1 所示，经测量 $AB=BC=8$km，$AD=10$km，$\angle BAD = 60°$，$\angle BCD = 120°$，求该公园的面积.

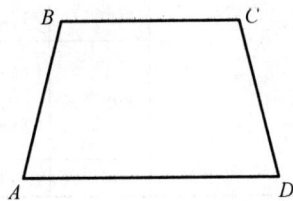

图 5-1

5.8.3　解三角形的应用

知识要点

解三角形（任意三角形 ABC，如右图所示）	正弦定理	定理：$\dfrac{a}{\sin A}=\dfrac{b}{\sin B}=\dfrac{c}{\sin C}$
		正弦定理适用于下面两种情况： （1）已知两角和一边，解三角形； （2）已知两边和其中一边的对角，解三角形
	余弦定理	定理： （1）$a^2=b^2+c^2-2bc\cos A$. （2）$b^2=a^2+c^2-2ac\cos B$. （3）$c^2=a^2+b^2-2ab\cos C$
		变形式： （1）$\cos A=\dfrac{b^2+c^2-a^2}{2bc}$. （2）$\cos B=\dfrac{a^2+c^2-b^2}{2ac}$. （3）$\cos C=\dfrac{a^2+b^2-c^2}{2ab}$
		余弦定理适用于下面两种情况： （1）已知两边和夹角，解三角形； （2）已知三边，解三角形
	面积公式	（1）$S_{\triangle ABC}=\dfrac{1}{2}ab\sin C=\dfrac{1}{2}bc\sin A=\dfrac{1}{2}ac\sin B$； （2）$S_{\triangle ABC}=\dfrac{1}{2}$底×高
	应用问题	在实际背景下，利用正弦定理、余弦定理及其变形、面积公式来解决距离问题及面积问题等

（右图）

A

b　　c

C　a　B

同步练习

1. 一艘轮船在大海中以每小时 30 海里的速度向正东方向航行，船在 A 处时看见一灯塔 B 在船的北偏东 45° 方向上，1 小时后，船在 C 处看见此灯塔在船的北偏东 15° 方向上，求此时船与灯塔的距离.

2．自动卸货汽车采用液压机构，设计时需要计算油泵顶杆 *BC* 的长度，如图 5-2 所示．已知车厢的最大仰角为 60°，油泵顶点 *B* 与车厢支点 *A* 之间的距离为 1.95m，*AB* 与水平线之间的夹角为 6°20′，*AC* 长为 1.40m，计算 *BC* 的长．（保留三个有效数字，$\cos 66°20′ \approx 0.3684$）

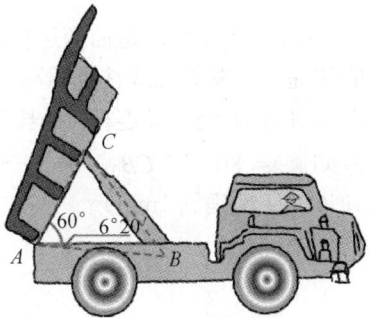

图 5-2

3．如图 5-3 所示，为了求河的对岸 A 和 B 两地间的距离，现测得 $CD = \sqrt{3}\,\text{km}$，$\angle ACB = 75°$，$\angle BCD = 45°$，$\angle BDA = 45°$，$\angle ADC = 30°$，求 A 与 B 的距离 AB.

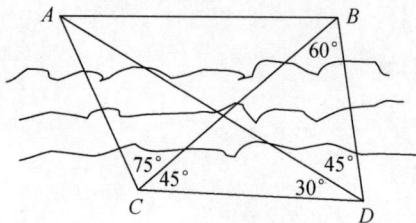

图 5-3

4．图 5-4 所示是曲柄连杆机构的示意图，当曲柄 CB 绕 C 点旋转时，通过连杆 AB 的传递，活塞做直线往复运动．当曲柄在 B_0 位置时，曲柄和连杆成一条直线，连杆的端点 A 在 A_0 处，设连杆 AB 长为 340mm，由柄 CB 长为 85mm，现曲柄自 CB 按顺时针方向旋转 80° 到 CB_0，求这一过程中活塞移动的距离（即连杆的端点 A 移动的距离 A_0A）．（精确到 1mm）

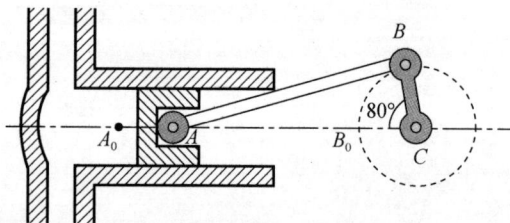

图 5-4

参 考 答 案

第 1 章　集合与充要条件

1.1　集合的概念

1.1.1　集合与元素

一、选择题

1. A　2. D　3. B　4. A　5. D

二、填空题

(1) $\in$；(2) $\notin$；(3) $\notin$；(4) $\in$；(5) $\notin$；(6) $\notin$；(7) $\in$；(8) $\in$

1.1.2　集合的表示方法

一、选择题

1. B　2. B　3. C　4. A　5. C

二、填空题

1. $\{-2,2\}$　2. $\{-1,3\}$　3. $\{x \mid x = 2n, n \in \mathbf{N}^+\}$　4. $\{x \in \mathbf{N} \mid x > 10\}$

三、解答题

1. $\{x \mid x = 3n + 2, n \in \mathbf{N}\}$.

2. 用列举法表示为 $\{-1,0,1\}$，或用描述法表示为 $\{x \in \mathbf{Z} \mid |x| < 2\}$.

3. $\{0,1,2,3,4\}$.

1.2　集合之间的关系

一、选择题

1. C　2. D　3. D　4. B　5. A

二、填空题

(1) $\subsetneqq$；(2) $=$；(3) $\subsetneqq$；(4) $=$；　(5) $=$；

(6) $\subsetneqq$；(7) $\in$；(8) $\notin$；(9) $\supsetneqq$；(10) $\subsetneqq$

三、解答题

1. 集合 M 的所有子集为 $\varnothing$, $\{a\}$, $\{b\}$, $\{c\}$, $\{a,b\}$, $\{a,c\}$, $\{b,c\}$, $\{a,b,c\}$；
集合 M 的所有真子集为 $\varnothing$, $\{a\}$, $\{b\}$, $\{c\}$, $\{a,b\}$, $\{a,c\}$, $\{b,c\}$.

2. 解：解方程组 $\begin{cases} x - 3y = 5 \\ 2x + y = 10 \end{cases}$，得 $\begin{cases} x = 5 \\ y = 0 \end{cases}$，所以 $A = \{(5,0)\}$.

3. $a = -1$ 或 $a = 0$.

1.3 集合的运算

一、选择题

1．A　2．B　3．A　4．C　5．D

二、填空题

1．$\{0,1,2\}$　2．$\varnothing$　3．$\{1,4\}$　4．$\{(1,-1)\}$

三、解答题

1．$\{x\mid x>2\}$．

2．解：解方程组 $\begin{cases} x-y=2 \\ x+y=4 \end{cases}$，得 $\begin{cases} x=3 \\ y=1 \end{cases}$，所以 $A\bigcap B=\{(3,1)\}$．

3．$a=-3$．

1.4 充 要 条 件

一、选择题

1．A　2．A　3．B　4．D　5．C

二、填空题

1．充分　2．充分　3．必要　4．充要

5．（1）$x=-1$ 且 $y=1$；（2）全体正偶数；（3）$(x-3)(x+2)=0$

第2章 不 等 式

2.1 不等式的性质

2.1.1 不等式的基本性质

一、选择题

1．D　2．B　3．B　4．A　5．B

二、填空题

1．（1）$<$；（2）$<$；（3）$>$　2．$-a<b<-b<a$　3．$\{x\mid x>2\}$　4．$2<a\leqslant 3$

三、解答题

1．解：因为 $a^2-2a+3-a(a-2)=a^2-2a+3-a^2+2a=3>0$，所以 $a^2-2a+3>a(a-2)$．

2．解：因为 $\dfrac{x-1}{2}>3$，所以 $x-1>6$，解得 $x>7$．

所以不等式的解集为 $\{x\mid x>7\}$．

3．解：由题可得 $L-Q\geqslant 1000$，则有 $5x-(x-4)\geqslant 1000$，解得 $x\geqslant 249$．

答：若使获得的利润不低于 1000 元，该厂至少需要生产 249 件玩具．

2.1.2 区间的概念

一、选择题

1．A　2．B　3．D　4．B　5．A

二、填空题

1．（1）$[-1,+\infty)$；　　（2）$[0,3)$；　　（3）$(-\infty,-\dfrac{1}{2}]$；　　（4）$(-\infty,0]\bigcup(1,+\infty)$

2．$(-1,2]$　3．$[2,\dfrac{5}{2}]$，$(-1,+\infty)$　4．$[-\dfrac{2}{3},\sqrt{2})$

三、解答题

1．解：（1）因为 $5-3x<1+2x$，所以 $-5x<-4$，解得 $x>\dfrac{4}{5}$.

所以不等式的解集为 $\left(\dfrac{4}{5},+\infty\right)$.

（2）因为 $\dfrac{2x+1}{3}\leqslant\dfrac{1-x}{2}$，所以 $2(2x+1)\leqslant3(1-x)$，所以 $7x\leqslant1$，解得 $x\leqslant\dfrac{1}{7}$.

所以不等式的解集为 $(-\infty,\dfrac{1}{7}]$.

2．解：因为 $\begin{cases}5-3x<2\\\dfrac{x}{2}\geqslant x-1\end{cases}\Rightarrow\begin{cases}x>1\\x\leqslant2\end{cases}\Rightarrow1<x\leqslant2$，所以不等式组的解集为 $(1,2]$.

3．（1）$A\bigcap B=(1,2]$，$A\bigcup B=(-\infty,4]$.

（2）$\complement_{\mathbf{R}}A=(2,+\infty)$，$\complement_{\mathbf{R}}B=(-\infty,1]\bigcup(4,+\infty)$.

（3）$\complement_{\mathbf{R}}A\bigcap B=(2,+\infty)\bigcap(1,4]=(2,4]$.

2.2 一元二次不等式

2.2.1 一元二次不等式的解法

一、选择题

1．C　2．B　3．C　4．A　5．D

二、填空题

1．$(-\infty,-3)\bigcup(1,+\infty)$　2．$[-2,\dfrac{1}{2}]$　3．$\{-1\}$　4．$\mathbf{R}$

三、解答题

1．解：（1）因为 $x^2>5$，即 $x^2-5>0$，所以 $(x-\sqrt{5})(x+\sqrt{5})>0$，解得 $x>\sqrt{5}$ 或 $x<-\sqrt{5}$.

所以不等式的解集为 $(-\infty,-\sqrt{5})\bigcup(\sqrt{5},+\infty)$.

（2）因为 $x^2-x-6<0$，所以 $(x-3)(x+2)<0$，解得 $-2<x<3$.

所以不等式的解集为 $(-2,3)$.

（3）因为 $x^2-4x+4>0$，所以 $(x-2)^2>0$，解得 $x\neq 2$.

所以不等式的解集为 $(-\infty,2)\bigcup(2,+\infty)$.

（4）因为 $x(2x-1)>x+4$，所以 $x^2-x-2>0$，即 $(x-2)(x+1)>0$，解得 $x>2$ 或 $x<-1$.

所以不等式的解集为 $(-\infty,-1)\bigcup(2,+\infty)$.

2. 解：因为

$$\begin{cases} x^2-3x<4 \\ \dfrac{x+1}{2}\geqslant\dfrac{x+2}{3} \end{cases} \Rightarrow \begin{cases} x^2-3x-4<0 \\ 3(x+1)\geqslant 2(x+2) \end{cases} \Rightarrow \begin{cases} (x-4)(x+1)<0 \\ x\geqslant 1 \end{cases}$$

$$\Rightarrow \begin{cases} -1<x<4 \\ x\geqslant 1 \end{cases} \Rightarrow 1\leqslant x<4,$$

所以不等式的解集为 $[1,4)$.

3. 解：因为 $(5k+6)x^2-2kx+1=0$ 有实数根，故 $\Delta=(-2k)^2-4(5k+6)\times 1\geqslant 0$，即 $k^2-5k-6\geqslant 0$，$(k-6)(k+1)\geqslant 0$，解得 $k\geqslant 6$ 或 $k\leqslant -1$.

所以若该一元二次方程有实数根，k 的取值范围是 $(-\infty,-1]\bigcup[6,+\infty)$.

2.2.2　一元二次不等式的应用

1. 解：由题可知

$$\begin{cases} 2(x+10)<80 \\ 10x>100 \end{cases} \Rightarrow \begin{cases} x<30 \\ x>10 \end{cases} \Rightarrow 10<x<30.$$

答：x 的取值范围是 $(10,30)$.

2. 解：设正方形园林的边长为 xm，由题可知 $x^2\leqslant 100$，解得 $-10\leqslant x\leqslant 10$.

又因为 $x>0$，故 $0<x\leqslant 10$.

答：正方形园林的边长最大为 10m.

3. 解：由题可知 $x^2-200x-60\,000\geqslant 20\,000$，即 $x^2-200x-80\,000\geqslant 0$，$(x-400)\cdot(x+200)\geqslant 0$，解得 $x\leqslant -200$（舍去）或 $x\geqslant 400$.

答：要使利润不低于 20 000，该工厂每天至少需要生产 400 件该产品.

4. 解：设降低了 x 个 20，由题可知 $(200-20x)(10+5x)\geqslant 3500$，即 $x^2-8x+15\leqslant 0$，$(x-3)(x-5)\leqslant 0$，解得 $3\leqslant x\leqslant 5$.

所以降低的价格范围为 $60\sim 100$ 元，热水壶的单价应在 $100\sim 140$ 元之间.

答：热水壶的单价应定于 $100\sim 140$ 元的范围内.

2.3　含绝对值的不等式

一、选择题

1. B　2. B　3. B　4. D　5. D

二、填空题

1. $\left(-\dfrac{3}{2},\dfrac{3}{2}\right)$　2. $(-\infty,1]\bigcup[5,+\infty)$　3. $\left(-\dfrac{7}{3},1\right)$　4. $(-\infty,1)\bigcup(13,+\infty)$

三、解答题

1．解：因为

$$\begin{cases} |x|-1\geqslant 0 \\ \dfrac{x}{2}-1>\dfrac{x-1}{3} \end{cases} \Rightarrow \begin{cases} |x|\geqslant 1 \\ 3x-6>2(x-1) \end{cases} \Rightarrow \begin{cases} x\leqslant -1 或 x\geqslant 1 \\ x>4 \end{cases} \Rightarrow x>4,$$

所以不等式组的解集为 $(4,+\infty)$．

2．解：因为

$$1<|x-2|<3 \Rightarrow \begin{cases} |x-2|<3 \\ |x-2|>1 \end{cases} \Rightarrow \begin{cases} -1<x<5 \\ x<1 或 x>3 \end{cases} \Rightarrow -1<x<1 或 3<x<5,$$

所以不等式的解集为 $(-1,1)\cup(3,5)$．

3．解：因为 $A=\{x\,|\,|2x-1|>1\}=\{x\,|\,2x-1>1 或 2x-1<-1\}=\{x\,|\,x>1 或 x<0\}$，$B=\{x\,|\,|x|\leqslant 1\}=\{x\,|\,-1\leqslant x\leqslant 1\}$，所以 $A\cap B=\{x\,|\,x<0 或 x>1\}\cap\{x\,|\,-1\leqslant x\leqslant 1\}=[-1,0)$．

第 3 章　函　　数

3.1　函数的概念及其表示法

3.1.1　函数的概念

一、选择题

1．D　2．A　3．A　4．B　5．C

二、填空题

1．-5　2．-3　3．-1　4．$\left(2,\dfrac{5}{2}\right)$

三、解答题

1．解：（1）函数 $y=\dfrac{\sqrt{x+4}}{x+4}$ 的解析式有意义 $\Leftrightarrow x+4>0 \Leftrightarrow x>-4$．

所以原函数的定义域为 $\{x\,|\,x>-4\}$．

（2）函数 $y=\sqrt{|3x-1|-1}$ 的解析式有意义 $\Leftrightarrow |3x-1|-1\geqslant 0 \Leftrightarrow |3x-1|\geqslant 1 \Leftrightarrow 3x-1\geqslant 1$ 或 $3x-1\leqslant -1 \Leftrightarrow x\geqslant \dfrac{2}{3}$ 或 $x\leqslant 0$．

所以原函数的定义域为 $\left\{x\,\middle|\,x\geqslant \dfrac{2}{3} 或 x\leqslant 0\right\}$．

2．解：（1）由题意得 $a-4=-1$，解得 $a=3$．

所以 $f(x)=3x^2-4$，故 $f(0)=0-4=-4$．

（2）$f(x)=23$，即 $3x^2-4=23$，解得 $x=\pm 3$．

所以当 $x=\pm 3$ 时 $f(x)=23$．

3．解：因为 $f(x)=x^2-1$，所以 $f(x+1)=(x+1)^2-1=x^2+2x$．

所以 $f(x+1)$ 的表达式为 $f(x+1)=x^2+2x$．

3.1.2　函数的表示方法

一、选择题

1．D　2．B　3．B　4．D　5．C

二、填空题

1．$(-2,+\infty)$，-1　　2．$\{1,2,3,\cdots,9,10\}$，$\{15,16,17,18,19\}$，1、3、7

3．$1+2x^3$　　4．$\{2,5,8,11\}$

三、解答题

1．解：由函数 $f(x)=ax-b$ 的图像过点 $P(2,1)$ 和 $Q(1,2)$，得 $\begin{cases} 2a-b=1 \\ a-b=2 \end{cases}$，解得

$a=-1$，$b=-3$．

所以 $f(x)=-x+3$，所以 $f(3)=-3+3=0$．

2．解：设售出台数为 x，收款总数为 y，则由题意得

$$y=320x，\quad x\in\{1,2,3,\cdots,47,48\}，$$

所以售出台数与收款总数之间的函数关系式为 $y=320x$，其定义域为 $\{1,2,3,\cdots,47,48\}$．

3．解：设成年人身高为 $x$cm，标准体重为 $y$kg，则 $y=x-105$．

所以身高为 $160\sim190$cm 的成年人标准体重与身高的函数解析式为

$$y=x-105，\quad 160\leqslant x\leqslant 190．$$

又因为 $172-105=67$，所以身高为 172cm 的成年人的标准体重为 67kg.

3.2　函数的性质

3.2.1　函数的单调性

一、选择题

1．B　2．C　3．C　4．D　5．B

二、填空题

1．$>$，$<$　　2．一　　3．$\left[0,\dfrac{1}{2}\right]$，$(-\infty,0]$ 和 $\left[\dfrac{1}{2},+\infty\right)$　　4．$>$

三、解答题

1．解：设 $x_1<x_2<1$，则 $x_1-x_2<0$，$x_1+x_2-2<0$．

因为 $f(x_1)=x_1^2-2x_1$，$f(x_2)=x_2^2-2x_2$，所以

$$\begin{aligned}
f(x_1)-f(x_2)&=(x_1^2-2x_1)-(x_2^2-2x_2)\\
&=x_1^2-x_2^2-2x_1+2x_2\\
&=(x_1-x_2)(x_1+x_2-2)>0．
\end{aligned}$$

所以 $f(x_1) > f(x_2)$.

由减函数的定义可知，函数 $f(x) = x^2 - 2x$ 在 $(-\infty, 1)$ 内为减函数.

2. 解：由 $f(1-2m) - f(7+m) < 0$ 得 $f(1-2m) < f(7+m)$.

因为函数 $y = f(x)$ 在区间 $(-\infty, +\infty)$ 上是增函数，所以 $1-2m < 7+m$，解得 $m > -2$.

所以实数 m 的取值范围为 $m > -2$.

3. 解：因为函数 $y = f(x)$ 在区间 $(-\infty, 0)$ 内为减函数，且有 $-2 < -1 < 0$，所以 $f(-2) > f(-1)$.

因为函数 $y = f(x)$ 在区间 $(0, +\infty)$ 内为增函数，且有 $0 < 1 < 2$，所以 $f(1) < f(2)$.

3.2.2 函数的奇偶性

一、选择题

1. D 2. A 3. B 4. C 5. C

二、填空题

1. (3，1)，(−3，−1)，(−3，1) 2. −2，3 3. −5 4. 0 5. −5

三、解答题

解：（1）函数 $f(x) = 2 - 3x$ 的定义域为 **R**.

因为对任意的 $x \in \mathbf{R}$，都有 $-x \in \mathbf{R}$，但是 $f(-x) = 2 - 3(-x) = 2 + 3x$，而 $-f(x) = -(2-3x) = -2+3x$，所以 $f(-x) \neq -f(x)$，且 $f(-x) \neq f(x)$.

因此 $f(x) = 2 - 3x$ 既不是奇函数也不是偶函数.

（2）函数 $f(x) = -\sqrt{2}$ 的定义域为 **R**.

因为对任意的 $x \in \mathbf{R}$，都有 $-x \in \mathbf{R}$，且 $f(-x) = -\sqrt{2} = f(x)$，所以函数 $f(x) = -\sqrt{2}$ 是偶函数.

（3）函数 $f(x) = \dfrac{3 - x^2}{x}$ 的定义域为 $A = \{x \mid x \neq 0,\ x \in \mathbf{R}\}$.

因为对任意的 $x \in A$，都有 $-x \in A$，且

$$f(-x) = \frac{3 - (-x)^2}{-x} = -\frac{3 - x^2}{x} = -f(x),$$

所以函数 $f(x) = \dfrac{3 - x^2}{x}$ 是奇函数.

（4）函数 $f(x) = \sqrt{x}$ 的定义域为 $A = \{x \mid x \geqslant 0\}$.

因为 $1 \in A$，而 $-1 \notin A$，所以函数 $f(x) = \sqrt{x}$ 既不是奇函数也不是偶函数.

（5）函数 $f(x) = 2 + |x|$ 的定义域为 **R**.

因为对任意的 $x \in \mathbf{R}$，都有 $-x \in \mathbf{R}$，且

$$f(-x) = 2 + |-x| = 2 + |x| = f(x),$$

所以函数 $f(x) = 2 + |x|$ 是偶函数.

3.3　函数的实际应用举例

一、选择题

1．C　2．A　3．B　4．C　5．B

二、填空题

1．$(-\infty,5)$　2．偶函数　3．-2　4．$\{-2,2\}$

三、解答题

1．解：（1）因为$-3<x\leqslant0$或$0<x<3$，所以所给函数的定义域为$(-3,3)$．

（2）因为$f(x)=\begin{cases}2x-1,&-3<x\leqslant0\\x^2,&0<x<3\end{cases}$，所以$f(-1)=2\times(-1)-1=-3$，$f(2)=2^2=4$．

2．解：（1）因为$x\leqslant0$或$x>0$，所以所给函数的定义域为**R**.

（2）因为$f(x)=\begin{cases}2x+1,&x\leqslant0\\3,&x>0\end{cases}$，所以$f(5)=3$．

又$f(-2)=2\times(-2)+1=-3$，所以$f(f(-2))=f(-3)=2\times(-3)+1=-5$．

3．解：由题意得通话应付费用y与通话时间x之间的函数关系式为

$$f(x)=\begin{cases}0.2,&0<x\leqslant3\\0.3,&3<x\leqslant4\\0.4,&4<x\leqslant5\end{cases}.$$

该函数的值域为$\{0.2,0.3,0.4\}$．

3.4　二　次　函　数

一、选择题

1．B　2．D　3．B　4．A　5．D　6．C　7．A　8．A

二、填空题

1．$y=-x^2$（答案不唯一）　2．$y=x^2-x-6$　3．$y=-x^2-2x+1$

4．$x=-1$，$(-\infty,2)$，$(-\infty,-1]$、$[-1,+\infty)$

5．$\left(\dfrac{3}{4},+\infty\right)$　6．15　7．$(-3,3)$

三、解答题

1．解：由二次函数$y=-x^2+4(m-1)x+m+m^2$的图像关于y轴对称，得$4(m-1)=0$，所以$m=1$．

2．解：(1)由题意可设二次函数的解析式为$y=a(x-6)^2-12$．

因为其图像与x轴有一个交点$(8,0)$，所以$0=a(8-6)^2-12$，解得$a=3$.

故所求函数的解析式为$y=3(x-6)^2-12$，即$y=3x^2-36x+96$．

（2）由$y\geqslant0$，得$3x^2-36x+96\geqslant0$，即$x^2-12x+32\geqslant0$，解得$x\geqslant8$或$x\leqslant4$．

所以二次函数值非负时的自变量x的取值范围为$\{x\,|\,x\geqslant8$或$x\leqslant4\}$．

3．解：（1）因为矩形的周长为 16m，一边长为 x m，则另一边长为 $(8-x)$ m，所以矩形的面积为 $y=x(8-x)$，整理得 $y=-x^2+8x$．

答：所求的函数关系式为 $y=-x^2+8x$，其中 x 的取值范围为 $(0,8)$．

（2）由 $y=-x^2+8x$，配方得 $y=-(x-4)^2+16$，所以当 $x=4$ 时，y 的值最大．

答：当 $x=4$m 时，矩形面积最大，最大面积为 16m^2．

第 4 章　指数函数与对数函数

4.1　指数幂的推广

4.1.1　有理数指数幂

一、选择题

1．C　2．B　3．D　4．D　5．D

二、填空题

1．$\dfrac{5}{4}$，3　　2．2，$|x|$　　3．$3^{\frac{3}{4}}$，$6^{-\frac{4}{3}}$　　4．$1-x$

三、解答题

1．解：原式 $=\left(\dfrac{3}{2}\right)^2 \div \left(\dfrac{1}{4}\right)^{\frac{1}{2}} -2+1 = \dfrac{9}{4} \div \dfrac{1}{2} -1 = \dfrac{9}{2} -1 = \dfrac{7}{2}$．

2．解：原式 $=\dfrac{6a^{-3-2}b^{-2+1}}{4a^{-4}b^{-3}} = \dfrac{3}{2}a^{-5+4}b^{-1+3} = \dfrac{3}{2}a^{-1}b^2 = \dfrac{3b^2}{2a}$．

3．解：由题得

$$3^{x^2-4}x = 3^{-3}，$$
$$x^2-4x = -3，$$
$$x^2-4x+3 = 0，$$
$$(x-1)(x-3) = 0，$$
$$x=1 \text{ 或 } x=3．$$

所以 x 的值为 1 或 3．

4.1.2　实数指数幂及运算性质

一、选择题

1．C　2．B　3．A　4．B

二、填空题

1．9，9，$\dfrac{1}{2}$　　2．81　　3．1　　4．x

三、解答题

1. 解：原式 $=\left(\dfrac{25}{4}\right)^{-\frac{1}{2}}+1-\left(\dfrac{27}{8}\right)^{-\frac{1}{3}}-\dfrac{1}{\left(-\dfrac{1}{2}\right)^{2}}$

$$=\left[\left(\dfrac{5}{2}\right)^{2}\right]^{-\frac{1}{2}}+1-\left[\left(\dfrac{3}{2}\right)^{3}\right]^{-\frac{1}{3}}-\dfrac{1}{\dfrac{1}{4}}$$

$$=\left(\dfrac{5}{2}\right)^{-1}+1-\left(\dfrac{3}{2}\right)^{-1}-4$$

$$=\dfrac{2}{5}-\dfrac{2}{3}-3$$

$$=-\dfrac{49}{15}$$

2. 解：原式 $=(2^{4})^{\frac{1}{4}}-(3^{-3})^{-\frac{1}{3}}+\left(\dfrac{9}{4}\right)^{-\frac{1}{2}}-1$

$$=2-3+\left[\left(\dfrac{3}{2}\right)^{2}\right]^{-\frac{1}{2}}-1$$

$$=-2+\left(\dfrac{3}{2}\right)^{-1}$$

$$=-2+\dfrac{2}{3}$$

$$=-\dfrac{4}{3}.$$

3. 解：原式 $=\left(\dfrac{9}{4}\right)^{\frac{1}{2}}+\left[\left(\dfrac{3}{4}\right)^{3}\right]^{-\frac{1}{3}}-\left(\dfrac{25}{9}\right)^{\frac{1}{2}}-(2^{2})^{-\frac{1}{2}}$

$$=\left[\left(\dfrac{3}{2}\right)^{2}\right]^{\frac{1}{2}}+\left(\dfrac{3}{4}\right)^{-1}-\left[\left(\dfrac{5}{3}\right)^{2}\right]^{\frac{1}{2}}-2^{-1}$$

$$=\dfrac{3}{2}+\dfrac{4}{3}-\dfrac{5}{3}-\dfrac{1}{2}$$

$$=\dfrac{2}{3}.$$

4.2 指 数 函 数

4.2.2　指数函数 $y=a^{x}(a>0$ 且 $a\neq1)$ 的图像和性质

一、选择题

1. B　2. A　3. C　4. D　5. B

二、填空题

1．$(0,1)$ 2．$>$ ，$<$ 3．$\left(\dfrac{1}{2}\right)^2 < (\sqrt{3})^0 < 2^{\frac{1}{2}}$ 4．$(-2,\ -1)$

三、解答题

1．解：将点 P 坐标代入，得 $a^2 = \dfrac{1}{4}$，由于 $a > 0$，所以 $a = \dfrac{1}{2}$．

2．解：将点 $\left(-2, \dfrac{1}{9}\right)$ 代入，得 $a^{-2} = \dfrac{1}{9}$，即 $a^2 = 9$，由于 $a > 0$，所以 $a = 3$．

所以 $f(x) = 3^x$，则 $f(0) = 3^0 = 1$，$f(1) = 3^1 = 3$，$f(-1) = 3^{-1} = \dfrac{1}{3}$．

3．解：由题得

$$x^2 + 3 > 4x，$$
$$x^2 - 4x + 3 > 0，$$
$$(x-1)(x-3) > 0，$$

$x < 1$ 或 $x > 3$．
所以不等式的解集为 $(-\infty, 1) \bigcup (3, +\infty)$．

4.2.3 指数函数的实际应用举例

一、选择题

1．C　2．B　3．D　4．D

二、填空题

1．$y = 2^x\ (x \in \mathbf{N}^+)$ 2．$5000 \times (1 + 2\%)^5$

三、解答题

解：由题意，得 $y = \left(1 - \dfrac{2}{3}\right)^x\ (x > 0)$．

4.3　对　　数

4.3.1 对数的概念

一、选择题

1．A　2．C　3．B　4．A　5．B

二、填空题

1．1，0　2．$\log_2 32 = 5$，$\log_{0.1} 100 = -2$　3．$2^3 = 8$，$a^2 = 3$　4．2

三、解答题

1．解：（1）$\log_5 25 = 2$；（2）$\log_{\frac{1}{2}} \dfrac{1}{8} = 3$；（3）$\log_2 \dfrac{1}{32} = -5$．

2．解：（1）$2^4 = 16$；（2）$\left(\dfrac{1}{3}\right)^{-3} = 27$．（3）$10^a = N$．

3. 解：（1）$N = 2^{-2} = \dfrac{1}{4}$；（2）$N = 64^{-\frac{1}{3}} = (4^3)^{-\frac{1}{3}} = 4^{-1} = \dfrac{1}{4}$；（3）$N = e^0 = 1$.

4.3.2　积、商、幂的对数

一、选择题

1. C　2. B　3. D　4. C　5. C

二、填空题

1. 1，2　2. 3，$-\dfrac{4}{3}$，8　3. 4，1　4. $1-m$

三、解答题

1. 解：原式 $= 1 + \dfrac{1}{2^2} \times \left(\dfrac{9}{4}\right)^{-\frac{1}{2}} - (10^{-2})^{\frac{1}{2}} + \dfrac{1}{2} - 2 = -\dfrac{1}{2} + \dfrac{1}{4} \times \left[\left(\dfrac{3}{2}\right)^2\right]^{-\frac{1}{2}} - 10^{-1}$

$= -\dfrac{1}{2} + \dfrac{1}{4} \times \left(\dfrac{3}{2}\right)^{-1} - \dfrac{1}{10} = -\dfrac{3}{5} + \dfrac{1}{4} \times \dfrac{2}{3} = -\dfrac{13}{30}$.

2. 解：原式 $= \dfrac{1}{(-2)^2} + \lg 10^{-1} - 2 + \dfrac{\lg 25}{\lg 3} \times \dfrac{\lg 3^3}{\lg 5^3} = -\dfrac{11}{4} + 2 = -\dfrac{3}{4}$.

3. 解：$\log_5 12 = \dfrac{\lg 12}{\lg 5} = \dfrac{\lg(3 \times 4)}{\lg(10 \div 2)} = \dfrac{\lg 3 + \lg 4}{\lg 10 - \lg 2} = \dfrac{\lg 3 + \lg 2^2}{1 - \lg 2}$

$\approx \dfrac{0.4771 + 2 \times 0.3010}{1 - 0.3010} \approx 1.544$.

4.4　对　数　函　数

4.4.2　对数函数的图像和性质

一、选择题

1. C　2. A　3. B　4. B　5. C

二、填空题

1. $(1,0)$　2. >，<　3. $0 < x < 2$　4. $(0,1) \bigcup (1, +\infty)$

三、解答题

1. 解：要使函数有意义，则 $1 - 2x > 0$，解得 $x < \dfrac{1}{2}$，所以函数的定义域为 $\left(-\infty, \dfrac{1}{2}\right)$.

2. 解：由题得 $\begin{cases} x + 3 > 0 \\ 4x > 0 \\ x + 3 < 4x \end{cases} \Rightarrow \begin{cases} x > -3 \\ x > 0 \\ x > 1 \end{cases} \Rightarrow x > 1$.

3. 解：将点 $P(-2, 2)$ 代入，得 $\log_a\left(3^{-2} + \dfrac{8}{3}\right) = 2$，即 $\log_a \dfrac{25}{9} = 2$，化为指数式为

$a^2 = \dfrac{25}{9}$，因为 $a > 0$，所以 $a = \dfrac{5}{3}$.

4.4.3　对数函数的实际应用举例

一、选择题

1．C　2．C　3．B

二、填空题

1．$y=a(1-2.1\%)^x$　　2．7

三、解答题

1．解：设 x 年后该城市人口总数将达到 4000 万，由题意，得 $3200(1+1.2\%)^x=4000$，

化简得 $1.012^x=\dfrac{10}{8}$，解得 $x=\log_{1.012}\dfrac{10}{8}=\dfrac{\lg\dfrac{10}{8}}{\lg1.012}=\dfrac{1-3\lg2}{\lg1.012}\approx\dfrac{1-3\times0.3010}{0.005\,181}\approx19$．

答：大约经过 19 年，该城市人口总数将达到 4000 万．

2．解：（1）$y=10(1+12\%)^x$．

（2）翻两番，就是为原来的 4 倍，因此有 $40=10(1+12\%)^x$，化简得 $4=1.12^x$，解得

$$x=\log_{1.12}4=\dfrac{\lg4}{\lg1.12}=\dfrac{2\lg2}{\lg1.12}\approx\dfrac{2\times0.3010}{0.0463}\approx13.$$

答：大约经过 13 年，该厂的年产值可以翻两番．

第5章　三 角 函 数

5.1　任意角的概念

5.1.1　角的概念推广

一、选择题

1．D　2．D　3．A　4．D　5．D

二、填空题

1．二　2．四　3．四　4．一

三、解答题

1．（1）$\{\beta|\beta=50°+k\cdot360°,\ k\in\mathbf{Z}\}$；（2）$\{\beta|\beta=180°+k\cdot360°,\ k\in\mathbf{Z}\}$；

（3）$\{\beta|\beta=-270°+k\cdot360°,\ k\in\mathbf{Z}\}$．

2．（1）$\{\beta|\beta=k\cdot360°,\ k\in\mathbf{Z}\}$；（2）$\{\beta|\beta=270°+k\cdot360°,\ k\in\mathbf{Z}\}$；

（3）$\{\beta|\beta=k\cdot180°,\ k\in\mathbf{Z}\}$；（4）$\{\beta|\beta=90°+k\cdot180°,\ k\in\mathbf{Z}\}$．

3．（1）$110°$，二；（2）$210°$，三；（3）$220°$，三；

（4）$206°$，三；（5）$288°40'$，四．

5.1.2　弧度制

一、填空题

1. 0　2. $\dfrac{\pi}{6}$　3. $\dfrac{\pi}{4}$　4. $\dfrac{\pi}{3}$　5. $\dfrac{\pi}{2}$　6. $\dfrac{2\pi}{3}$　7. $\dfrac{3\pi}{4}$　8. $\dfrac{5\pi}{6}$　9. π　10. 2π

二、解答题

1. （1）$\dfrac{\pi}{12}$；（2）$\dfrac{5\pi}{12}$；（3）$\dfrac{11\pi}{6}$；（4）$\dfrac{7\pi}{3}$；

（5）3π；（6）$-\dfrac{3\pi}{2}$；（7）$-\dfrac{9\pi}{4}$；（8）-6π.

2. （1）$480°$；（2）$315°$；（3）$216°$；（4）$200°$；

（5）$-120°$；（6）$-210°$；（7）$-660°$；（8）$-\dfrac{2880°}{7}$.

3. 解：所求弧长 $l=5\times2=10$（m）.

4. 解：由面积公式，得 $S=\dfrac{1}{2}\times16\times12=96$（cm^2）.

5.2　任意角的三角函数

5.2.1　任意角的三角函数概念

一、选择题

1. A　2. C　3. C　4. A　5. B

二、填空题

1. $-\dfrac{7}{5}$　2. $-\dfrac{121}{65}$　3. 三　4. 一或三

三、解答题

1. 解：因为 $-\dfrac{5}{13}=-\dfrac{5}{\sqrt{x^2+25}}$，所以 $x=\pm12$，又 $x<0$，所以 $x=-12$，$P(-12,-5)$.

所以 $\cos\alpha=\dfrac{-12}{13}$，$\tan\alpha=\dfrac{5}{12}$.

2. 解：由题意，得 $\cos\alpha=-\dfrac{3}{5}$，$\sin\alpha=-\dfrac{4}{5}$，所以 $2\cos\alpha+3\sin\alpha=-\dfrac{6}{5}+\left(-\dfrac{12}{5}\right)=-\dfrac{18}{5}$.

3. （1）正；（2）负；（3）负.

5.2.2　特殊角的三角函数值

一、选择题

1. C　2. C　3. C　4. D　5. C

二、解答题

1. 解：原式 $=\dfrac{\sqrt{3}}{2}-1+1=\dfrac{\sqrt{3}}{2}$.

2．解：原式$=\dfrac{1}{2}+\dfrac{1}{2}+1-1=1$.

3．解：原式$=\dfrac{\sqrt{3}}{2}\times\left(-\dfrac{\sqrt{3}}{2}\right)+\dfrac{\sqrt{3}}{2}\times\dfrac{\sqrt{3}}{2}+(-1)=-1$.

4．解：原式$=\left(\dfrac{\sqrt{2}}{2}\right)^{2}+2\times\dfrac{\sqrt{2}}{2}\times\dfrac{\sqrt{2}}{2}+\left(\dfrac{\sqrt{2}}{2}\right)^{2}=2$.

5．解：原式$=2\times\dfrac{\sqrt{3}}{2}+2\times\dfrac{\sqrt{3}}{2}\times\dfrac{1}{2}-\sqrt{2}\times\dfrac{\sqrt{2}}{2}=\dfrac{3\sqrt{3}}{2}-1$.

5.3　三角函数的基本公式

5.3.1　同角三角函数的基本关系

一、选择题

1．B　2．C　3．A　4．D　5．D

二、填空题

1．$-\dfrac{4}{5}$，$-\dfrac{4}{3}$　2．$\dfrac{1}{3}$　3．$\dfrac{1}{7}$　4．2

三、解答题

1．解：由题得$\begin{cases}\cos\alpha=-2\sin\alpha\\\sin^{2}\alpha+\cos^{2}\alpha=1\\\tan\alpha=\dfrac{\sin\alpha}{\cos\alpha}\end{cases}$，解得$\begin{cases}\sin\alpha=\dfrac{\sqrt{5}}{5}\\\cos\alpha=-\dfrac{2\sqrt{5}}{5}\\\tan\alpha=-\dfrac{1}{2}\end{cases}$或$\begin{cases}\sin\alpha=-\dfrac{\sqrt{5}}{5}\\\cos\alpha=\dfrac{2\sqrt{5}}{5}\\\tan\alpha=-\dfrac{1}{2}\end{cases}$.

2．解：（1）原式$=\dfrac{2\tan\alpha-3}{\tan\alpha+2}=\dfrac{-\dfrac{3}{2}-3}{-\dfrac{3}{4}+2}=-\dfrac{18}{5}$.

（2）解方程组$\begin{cases}\sin\alpha=-\dfrac{3}{4}\cos\alpha\\\sin^{2}\alpha+\cos^{2}\alpha=1\end{cases}$，得$\begin{cases}\sin\alpha=\dfrac{3}{5}\\\cos\alpha=-\dfrac{4}{5}\end{cases}$或$\begin{cases}\sin\alpha=-\dfrac{3}{5}\\\cos\alpha=\dfrac{4}{5}\end{cases}$，所以$\sin\alpha\cdot\cos\alpha=-\dfrac{12}{25}$.

3．解：由$(\sin\alpha-\cos\alpha)^{2}=\dfrac{1}{4}$，可得$2\sin\alpha\cdot\cos\alpha=\dfrac{3}{4}$．又$(\sin\alpha+\cos\alpha)^{2}=1+2\sin\alpha\cdot\cos\alpha=1+\dfrac{3}{4}=\dfrac{7}{4}$，开方，得$\sin\alpha+\cos\alpha=\pm\dfrac{\sqrt{7}}{2}$.

5.3.2　三角函数的诱导公式

一、选择题

1．B　2．A　3．D　4．B　5．B

二、填空题

1．（1）$\dfrac{1}{2}$；（2）$-\dfrac{\sqrt{2}}{2}$；（3）$-\dfrac{\sqrt{3}}{3}$；（4）$-\dfrac{\sqrt{6}}{6}$

2．（1）$-\sin\alpha$；（2）$\cos 50°$ 3．$-\dfrac{3}{5}$ 4．1

三、解答题

1．解：因为 $\sin(\alpha+\pi)=-\sin\alpha=\dfrac{3}{5}$，又 α 是第三象限角，所以 $\sin\alpha=-\dfrac{3}{5}$，$\cos\alpha=-\dfrac{4}{5}$，

$\tan(\pi-\alpha)=-\tan\alpha=\dfrac{-\sin\alpha}{\cos\alpha}=-\dfrac{3}{4}$．

2．解：原式 $=\dfrac{-\sin\alpha\cdot\tan\alpha\cdot(-\tan\alpha)}{-\cos\alpha\cdot(-\tan\alpha)}=\tan^2\alpha$．

3．解：原式 $=\dfrac{-\cos\alpha\cdot\sin\alpha\cdot(-\sin\alpha)}{\cos\alpha\cdot(-\tan\alpha)\cdot\sin\alpha}=-\cos\alpha$．

5.4   正弦、余弦函数的图像和性质

5.4.1   正弦函数 $y=\sin x$ 的图像和性质

一、选择题

1．B   2．B   3．B   4．B   5．D

二、填空题

1．（1）>；（2）=；（3）>；（4）>

2．（1）>；（2）>；（3）>；（4）<

3．$[-1,9]$ 4．$\dfrac{3}{4}$

三、解答题

1．$y_{\max}=3$，$y_{\min}=-1$，$T=2\pi$．

2．解：因为 $-1\leqslant\sin x\leqslant 1$，则有 $-1\leqslant 3+\dfrac{2}{5}a\leqslant 1$，解得 $-10\leqslant a\leqslant-5$．

所以当 $a\in[-10,-5]$ 时，$\sin x=3+\dfrac{2}{5}a$ 有意义．

3．解：由题意，得 $\begin{cases}a-b=\dfrac{3}{4}\\ -a-b=-\dfrac{1}{4}\end{cases}$，解得 $\begin{cases}a=\dfrac{1}{2}\\ b=-\dfrac{1}{4}\end{cases}$．

5.4.2   余弦函数 $y=\cos x$ 的图像和性质

一、选择题

1．B   2．D   3．A   4．B   5．C

二、填空题

1．（1）<；（2）>；（3）>；（4）<

2．（1）>；（2）=；（3）>；（4）<

3．$[1,3]$ 4．$\dfrac{1}{2}$

三、解答题

1．$y_{\max}=15$，$y_{\min}=-1$，$T=2\pi$．

2．解：因为$-1\leqslant\cos x\leqslant1$，所以$-1\leqslant a^2-1\leqslant1$，解得$-\sqrt{2}\leqslant a\leqslant\sqrt{2}$．

所以当$a\in[-\sqrt{2},\sqrt{2}]$时，$\cos x=a^2-1$有意义．

3．解：由题意，得$\begin{cases}a+b=\dfrac{3}{2}\\a-b=-\dfrac{1}{2}\end{cases}$，解得$\begin{cases}a=\dfrac{1}{2}\\b=1\end{cases}$．

5.4.3　正弦型函数 $y=A\sin(\omega x+\varphi)$ 的图像和性质

一、选择题

1．B　2．D　3．D　4．C　5．C

二、填空题

1．右，$\dfrac{\pi}{6}$　2．左，$\dfrac{\pi}{3}$　3．右，$\dfrac{5\pi}{12}$　4．左，$\dfrac{\pi}{3}$

三、解答题

1．解：因为$-\dfrac{\pi}{2}+2k\pi\leqslant2x\leqslant\dfrac{\pi}{2}+2k\pi$，解得$-\dfrac{\pi}{4}+k\pi\leqslant x\leqslant\dfrac{\pi}{4}+k\pi$，其中$k\in\mathbf{Z}$．所以$y=\sin2x$的增区间为$\left[-\dfrac{\pi}{4}+k\pi,\dfrac{\pi}{4}+k\pi\right]$（$k\in\mathbf{Z}$）．

2．解：因为$-\dfrac{\pi}{2}+2k\pi\leqslant x-\dfrac{\pi}{3}\leqslant\dfrac{\pi}{2}+2k\pi$，解得$-\dfrac{\pi}{6}+2k\pi\leqslant x\leqslant\dfrac{5\pi}{6}+2k\pi$，其中$k\in\mathbf{Z}$．所以$y=\dfrac{1}{2}\sin\left(x-\dfrac{\pi}{3}\right)$的增区间为$\left[-\dfrac{\pi}{6}+2k\pi,\dfrac{5\pi}{6}+2k\pi\right]$（$k\in\mathbf{Z}$）．

3．解：因为$\dfrac{\pi}{2}+2k\pi\leqslant\dfrac{\pi}{4}-\dfrac{x}{2}\leqslant\dfrac{3\pi}{2}+2k\pi$，得$\dfrac{\pi}{4}+2k\pi\leqslant-\dfrac{x}{2}\leqslant\dfrac{5\pi}{4}+2k\pi$，解得$-\dfrac{5\pi}{2}-4k\pi\leqslant x\leqslant-\dfrac{\pi}{2}-4k\pi$，其中$k\in\mathbf{Z}$．所以所求函数的减区间为$\left[-\dfrac{5\pi}{2}+4k\pi,-\dfrac{\pi}{2}+4k\pi\right]$（$k\in\mathbf{Z}$）．

5.5　已知三角函数值求指定范围的角

一、选择题

1．C　2．C　3．D　4．C　5．C

二、填空题

1. $\dfrac{\pi}{6}$ 或 $\dfrac{5\pi}{6}$　　2. $\dfrac{\pi}{4}$ 或 $\dfrac{7\pi}{4}$　　3. $\dfrac{5\pi}{6}$ 或 $\dfrac{7\pi}{6}$　　4. $\dfrac{2\pi}{3}$ 或 $\dfrac{5\pi}{3}$

三、解答题

1. 解：因为 $2\cos x+\sqrt{3}=2\sqrt{3}$，所以 $\cos x=\dfrac{\sqrt{3}}{2}$．又 $x\in[0,2\pi]$，所以 $x=\dfrac{\pi}{6}$ 或 $\dfrac{11\pi}{6}$．

2. 解：因为 $\sqrt{2}\sin x+1=0$，所以 $\sin x=-\dfrac{\sqrt{2}}{2}$．又 $x\in[0,2\pi]$，所以 $x=\dfrac{5\pi}{4}$ 或 $\dfrac{7\pi}{4}$．

3. 解：由题意，得 $\cos^2 x=\dfrac{1}{4}$，解得 $\cos x=\dfrac{1}{2}$ 或 $\cos x=-\dfrac{1}{2}$，又 $x\in[0,2\pi]$，所以 x 的值为 $\dfrac{\pi}{3}$ 或 $\dfrac{5\pi}{3}$ 或 $\dfrac{2\pi}{3}$ 或 $\dfrac{4\pi}{3}$．

5.6　和（差）角公式

5.6.1　两角和与差的余弦

一、选择题

1. B　2. A　3. D　4. A　5. D

二、填空题

1. $-\dfrac{17\sqrt{2}}{26}$　　2. $\dfrac{3-4\sqrt{3}}{10}$　　3. $\dfrac{33}{65}$　　4. $\dfrac{1}{2}$

三、解答题

1. 解：因为 $\cos(\pi-\alpha)=-\cos\alpha=\dfrac{3}{5}$，所以 $\cos\alpha=-\dfrac{3}{5}$．因为 $\alpha\in[\dfrac{\pi}{2},\pi]$，所以 $\sin\alpha=\dfrac{4}{5}$．所以 $\cos(\alpha+\dfrac{3\pi}{4})=\cos\alpha\cos\dfrac{3}{4}\pi-\sin\alpha\sin\dfrac{3\pi}{4}=-\dfrac{3}{5}\times\left(-\dfrac{\sqrt{2}}{2}\right)-\dfrac{4}{5}\times\dfrac{\sqrt{2}}{2}=-\dfrac{\sqrt{2}}{10}$．

2. 证明：因为 $\sqrt{2}\cos(\alpha-45°)=\sqrt{2}(\cos\alpha\cos45°+\sin\alpha\sin45°)=\sqrt{2}\left(\dfrac{\sqrt{2}}{2}\cos\alpha+\dfrac{\sqrt{2}}{2}\sin\alpha\right)=\cos\alpha+\sin\alpha$，所以命题得证．

3. 解：由题意，得 $\sin A=\dfrac{4}{5}$，$\sin B=\dfrac{5}{13}$，所以 $\cos C=\cos[\pi-(A+B)]=-\cos(A+B)=-(\cos A\cos B-\sin A\sin B)=\dfrac{56}{65}$．

5.6.2　两角和与差的正弦

一、选择题

1. A　2. B　3. B　4. C　5. C

二、填空题

1. $-\dfrac{17\sqrt{2}}{26}$　　2. $-\dfrac{3\sqrt{3}+4}{10}$　　3. $-\dfrac{56}{65}$　　4. $\dfrac{\sqrt{2}}{2}$

三、解答题

1．解：因为 $\sin(2\pi-\alpha)=-\sin\alpha=\dfrac{3}{5}$，$\alpha\in[\pi,\dfrac{3\pi}{2}]$，所以 $\sin\alpha=-\dfrac{3}{5}$，$\cos\alpha=-\dfrac{4}{5}$，

$\sin\left(\alpha+\dfrac{5\pi}{6}\right)=\sin\alpha\cos\dfrac{5\pi}{6}+\cos\alpha\sin\dfrac{5\pi}{6}=-\dfrac{3}{5}\times\left(-\dfrac{\sqrt{3}}{2}\right)+\left(-\dfrac{4}{5}\right)\times\dfrac{1}{2}=\dfrac{3\sqrt{3}-4}{10}$．

2．解：因为 $\sin(\pi+\alpha)=-\sin\alpha=\dfrac{3}{5}$，所以 $\sin\alpha=-\dfrac{3}{5}$，所以 $\sin\left(\alpha+\dfrac{\pi}{3}\right)-\cos\left(\alpha+\dfrac{\pi}{6}\right)=\sin\alpha=-\dfrac{3}{5}$．

3．解：因为 $\sin\alpha=\dfrac{15}{17}$，$\cos(\alpha+\beta)=-\dfrac{3}{5}$，所以 $\cos\alpha=\dfrac{8}{17}$，$\sin(\alpha+\beta)=\dfrac{4}{5}$，所以

$\sin\beta=\sin[(\alpha+\beta)-\alpha]=\sin(\alpha+\beta)\cos\alpha+\cos(\alpha+\beta)\sin\alpha=\dfrac{4}{5}\times\dfrac{8}{17}-\left(-\dfrac{3}{5}\right)\times\dfrac{15}{17}=\dfrac{77}{85}$．

5.6.3 两角和与差的正切

一、选择题

1．B 2．C 3．D 4．A 5．A

二、填空题

1．$\sqrt{3}$ 2．1 3．$\dfrac{1}{7}$ 4．2

三、解答题

1．解：由题意，得 $\tan\alpha=-\dfrac{5}{12}$，$\tan\beta=\dfrac{4}{3}$，所以 $\tan(\alpha+\beta)=\dfrac{\tan\alpha+\tan\beta}{1-\tan\alpha\tan\beta}=\dfrac{33}{56}$．

2．解：由题意，得 $\tan\alpha=\dfrac{12}{5}$，$\tan\beta=\dfrac{4}{3}$，$\tan(\alpha-\beta)=\dfrac{\dfrac{12}{5}-\dfrac{4}{3}}{1+\dfrac{12}{5}\times\dfrac{4}{3}}=\dfrac{16}{63}$．

3．解：由韦达定理（根与系数的关系），得 $\begin{cases}\tan\alpha+\tan\beta=1+\sqrt{3}\\ \tan\alpha\cdot\tan\beta=\sqrt{3}\end{cases}$，所以 $\tan(\alpha+\beta)=$

$\dfrac{\tan\alpha+\tan\beta}{1-\tan\alpha\tan\beta}=\dfrac{1+\sqrt{3}}{1-\sqrt{3}}=-2-\sqrt{3}$．

5.7 二倍角公式

一、选择题

1．A 2．C 3．D 4．C 5．D

二、填空题

1．$\dfrac{4\sqrt{2}}{7}$ 2．$\dfrac{7}{25}$ 3．1 4．$\dfrac{2-\sqrt{2}}{4}$

三、解答题

1．解：因为 $\cos(\pi-\alpha)=-\cos\alpha=\dfrac{2}{7}$，所以 $\cos\alpha=-\dfrac{2}{7}$，所以 $\cos2\alpha=2\cos^2\alpha-1=-\dfrac{41}{49}$．

2．$\sin2\alpha=\pm\dfrac{12}{13}$，$\tan2\alpha=\pm\dfrac{12}{5}$．

3．解：原式 $=\dfrac{\cos10°-\sqrt{3}\sin10°}{\sin10°\cos10°}$

$$=\dfrac{2\left(\dfrac{1}{2}\cos10°-\dfrac{\sqrt{3}}{2}\sin10°\right)}{\dfrac{1}{2}\times2\sin10°\cos10°}$$

$$=\dfrac{2\left(\sin30°\cos10°-\cos30°\sin10°\right)}{\dfrac{1}{2}\sin20°}$$

$$=4\times\dfrac{\sin20°}{\sin20°}=4．$$

5.8 解 三 角 形

5.8.1 正弦定理

一、选择题

1．A　2．B　3．D　4．C　5．D

二、填空题

1．$60°$，$30°$　2．$45°$　3．$\dfrac{2}{3}$　4．$\sqrt{26}$

三、解答题

1．解：在 $\triangle ABC$ 中，由正弦定理，有 $\dfrac{2\sqrt{3}}{\sin120°}=\dfrac{2}{\sin C}$，则 $\sin C=\dfrac{1}{2}$，所以 $\angle C=30°$，$\angle A=30°$，所以 $S_{\triangle ABC}=\dfrac{1}{2}\cdot AB\cdot AC\cdot\sin A=\dfrac{1}{2}\times2\times2\sqrt{3}\times\dfrac{1}{2}=\sqrt{3}$．

2．解：由面积公式得 $S_{\triangle ABC}=\dfrac{1}{2}\times5\times4\times\sin A=5\sqrt{3}$，解得 $\sin A=\dfrac{\sqrt{3}}{2}$，所以 $\angle A=60°$．

3．解：由 $4x^2-1=0$，得 $x=\pm\dfrac{1}{2}$，因为 $\angle C$ 为锐角，所以 $\cos C=\dfrac{1}{2}$，则 $\sin C=\dfrac{\sqrt{3}}{2}$．所以 $S_{\triangle ABC}=\dfrac{1}{2}ab\sin C=\dfrac{1}{2}\times6\times4\times\dfrac{\sqrt{3}}{2}=6\sqrt{3}$．

5.8.2 余弦定理

一、选择题

1．A　2．B　3．B　4．C　5．B

二、填空题

1. 12, $4\sqrt{7}$ 2. $\dfrac{4}{5}$ 3. $-\dfrac{11}{80}$ 4. 锐角三角形

三、解答题

1. 解：由题意，得 $\sin A=\dfrac{12}{13}$，$\sin B=\dfrac{4}{5}$，$\cos C=-\cos(A+B)=\sin A\sin B-\cos A\cos B$

$=\dfrac{12}{13}\times\dfrac{4}{5}-\dfrac{5}{13}\times\dfrac{3}{5}=\dfrac{33}{65}$．

2. 解：由三角形面积公式，得 $\dfrac{1}{2}\times5\times4\times\sin A=5\sqrt{3}$，所以 $\sin A=\dfrac{\sqrt{3}}{2}$，所以 $\angle A=60°$．

再由余弦定理，得 $BC^2=25+16-2\times5\times4\times\dfrac{1}{2}=21$，所以 $BC=\sqrt{21}$．

3. 解：连接 BD，在 $\triangle ABD$ 中，由面积公式，得 $S_{\triangle ABD}=\dfrac{1}{2}\times8\times10\times\sin60°=20\sqrt{3}$．

由余弦定理，得 $BD^2=64+100-2\times8\times10\times\cos60°=84$．

在 $\triangle BCD$ 中，由余弦定理，得 $BD^2=64+CD^2-2\times CD\times8\times\cos120°=84$，解得

$CD=2$．所以 $S_{\triangle BCD}=\dfrac{1}{2}\times8\times2\times\sin120°=4\sqrt{3}$．

所以 $S_{\text{四边形}ABCD}=S_{\triangle ABD}+S_{\triangle BCD}=24\sqrt{3}$．

5.8.3 解三角形的应用

1. 解：如答图 5-1 所示，在 $\triangle ABC$ 中，$\angle BAC=45°$，$\angle BCA=105°$，所以 $\angle ABC=30°$．
由正弦定理，得 $BC=\dfrac{AC\sin\angle BAC}{\sin\angle ABC}=\dfrac{30\sin45°}{\sin30°}=30\sqrt{2}$（海里）.

2. 解：在 $\triangle ABC$ 中，$\angle CAB=66°20'$，$AB=1.95\text{m}$，$AC=1.40\text{m}$，
由余弦定理，得 $BC^2=AB^2+AC^2-2\cdot AB\cdot AC\cdot\cos\angle CAB\approx3.751$，
所以 $BC\approx1.94$（m).

3. 解：在 $\triangle BCD$ 中，由正弦定理，可得 $BD=\dfrac{CD\cdot\sin45°}{\sin60°}=\sqrt{2}$．
在 $\triangle ACD$ 中，因为 $\angle ACD=120°$，$\angle ADC=30°$，所以 $\angle CAD=30°$，
由正弦定理，可得 $AD=\dfrac{CD\cdot\sin120°}{\sin30°}=3$．在 $\triangle ABD$ 中，由余弦定理，可解得
$AB^2=BD^2+AD^2-2\cdot BD\cdot AD\cdot\cos45°=2+9-6=5$，所以 $AB=\sqrt{5}$，即 A 与 B 两地之间
的距离为 $\sqrt{5}$ km.

4. 解：在 $\triangle ABC$ 中，由正弦定理，有 $\sin A=\dfrac{85\times\sin80°}{340}\approx0.2462$，得 $\angle A\approx14°15'$，
所以 $\angle B=85°45'$．由正弦定理，可解得 $AC=\dfrac{AB\sin B}{\sin C}\approx344.3$．

所以 $A_0A=A_0C-AC=80.7\approx81$（mm），即活塞移动的距离约为 81mm.

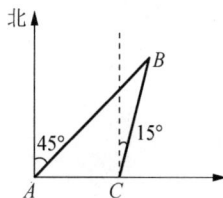

答图 5-1

参 考 文 献

曹一鸣，程旷. 2011. 数学（基础模块）上册. 北京：北京师范大学出版社.

重庆市中职对口升学考试研究课题组. 2014. 数学学习指导. 北京：语文出版社.

付勇，李昌春. 2010. 数学（拓展模块.重庆专用）. 北京：北京师范大学出版社.

刘景通. 2015. 对口高职数学总复习. 成都：电子科技大学出版社.